COMO INVESTIR NA BOLSA DE VALORES

JESSE LIVERMORE

COMO INVESTIR NA BOLSA DE VALORES

Ficha Técnica:

Título original: How to Trade in Stocks
Autor: Jesse Livermore

A obra original, em inglês, publicada inicialmente em 1940, encontra-se no domínio
público ao abrigo do artigo 37° do Decreto-Lei n.°334/97 de 27 de Novembro, o qual
transpôs para a ordem jurídica portuguesa a Directiva comunitária n° 93/98/CEE, do
Conselho, de 29 de Outubro, que implica alterações ao Código do Direito de Autor e dos
Direitos Conexos, em matéria respeitante à harmonização do prazo de protecção dos
direitos de autor e de certos direitos conexos.

Título: Como Investir na Bolsa de Valores
Tradução: Guilherme Filipe
Editor: António Duarte

ISBN: 978-1517265311
Data da edição portuguesa: Setembro de 2015
Print On Demand
Impressão: Createspace.com
Distribuição: Amazon-com

Índice

Capítulo I.
O desafio da especulação

O jogo da especulação é, de longe, o mais fascinante do mundo. No entanto, não é um jogo para pessoas néscias, mentalmente preguiçosas, emocionalmente desequilibradas ou para os aventureiros que procuram uma forma de enriquecer rapidamente. Todas essas pessoas morrerão pobres.

Ao longo de muitos anos, raramente participei num jantar com desconhecidos sem que alguém se sentasse ao meu lado e, depois da habitual conversa de circunstância, me perguntasse:

"Como posso fazer dinheiro nos mercados?"

Nos meus primeiros tempos costumava dar-me ao trabalho de explicar todas as dificuldades que esperam aquele que deseja simplesmente obter dinheiro fácil e rápido nos mercados; ou então, através de subterfúgios educados, procurava evitar a questão. Mais recentemente, a minha resposta tem sido um seco "Não sei".

É difícil ter paciência para com este tipo de pessoas. Em primeiro lugar, a pergunta não é um elogio ao homem que estudou cientificamente o investimento e a especulação. Seria como se um leigo perguntasse a um advogado ou a um cirurgião:

"Como posso fazer algum dinheiro rápido a exercer advocacia ou a realizar cirurgias?"

Apesar disto, estou convencido que são cada vez mais as pessoas interessadas no investimento em mercados accionistas e na especulação que estão na disposição de trabalhar e estudar com vista à obtenção de resultados razoáveis, se tiverem acesso a um guia ou a uma indicação que os oriente na direcção certa. É para estas pessoas que este livro foi escrito.

É minha intenção incluir alguns dos marcos mais importantes de uma vida de experiência nos mercados – registo de alguns fracassos e sucessos e as lições que cada um deles me ensinou. É a partir daqui que emerge a minha teoria do "elemento tempo"[1] na negociação, o qual considero como o mais importante factor numa especulação bem sucedida.

Mas antes de prosseguirmos, permita-me que o avise que os frutos do seu sucesso serão directamente proporcionais à sua honestidade e à sinceridade do seu próprio esforço na manutenção dos seus registos, no desenvolvimento do seu próprio pensamento e no estabelecimento das suas conclusões. Não é sensato ler um livro sobre "como se manter em forma" e deixar o exercício físico para outras pessoas. De igual modo, se quiserem realmente seguir a minha fórmula para combinar o elemento tempo e o preço, conforme irei descrever mais adiante, também não poderão delegar noutros a tarefa de manter os seus registos.

Eu apenas posso iluminar o caminho e ficarei feliz se, através da minha orientação, conseguirem retirar mais dinheiro do mercado de acções do que aquele que lá puseram.

Neste livro, apresento àqueles que se interessam pela especulação alguns pontos e ideias que foram desenvolvidos durante o meu longo percurso como investidor e especulador. Qualquer pessoa que se sinta inclinada a especular deverá encarar a especulação como um negócio, tratando-a como tal, em lugar de a percepcionar como um mero jogo, à semelhança do que tantas pessoas tendem a fazer. Se estou correcto na premissa de que a especulação é um negócio de pleno

---

[1] *Time element* no original (N. T.)

direito, então aqueles que decidirem entrar neste negócio deverão estar determinados a aprender e compreender este negócio da melhor forma possível, recorrendo a toda a informação disponível. Nos quarenta anos que dediquei a fazer da especulação um negócio bem sucedido, descobri que ainda hoje continuo a encontrar novas regras para aplicar nesse mesmo negócio.

Muitas vezes fui-me deitar perguntando a mim mesmo porque é que eu não tinha sido capaz de prever um determinado movimento iminente e acordei às primeiras horas da madrugada seguinte com a nova ideia para uma resposta. Quando isto sucedia, aguardava impacientemente a chegada da manhã, de modo a poder começar a testar a nova ideia, recorrendo aos registos de movimentos passados para determinar se a mesma tinha mérito. Em muitos casos, estava longe de ser 100% acertada, mas a parte de acerto que essa ideia continha ficava guardada no meu subconsciente. Talvez mais tarde surgisse outra ideia que eu, imediatamente, começaria a testar.

Com o tempo, estas várias ideias começaram a cristalizar e eu fui capaz de desenvolver um método concreto para manter os meus registos, de tal forma que os pudesse usar como um guia.

A minha teoria e a sua aplicação prática demonstraram-me que nada de novo ocorre no negócio da especulação ou do investimento em instrumentos financeiros ou matérias-primas[2]. Há momentos em que uma pessoa deve especular, assim como há momentos em que uma pessoa não deve especular. Há um adágio muito verdadeiro: "Podes ganhar uma corrida de cavalos, mas não podes ganhar todas as corridas." O mesmo acontece com as operações nos mercados. Há momentos em que é possível fazer dinheiro investindo e especulando em acções, mas não é possível fazer dinheiro todos os dias ou

---

[2] *Commodities* no original (N. T.)

todas as semanas do ano de forma consistente. Apenas os temerários tentarão fazê-lo. Obter dinheiro todos os dias nos mercados não está nas cartas e simplesmente não é possível.

Para investir ou especular com sucesso, temos de formar uma opinião sobre qual será o próximo movimento importante de uma determinada acção. A especulação não é mais do que a antecipação de movimentos futuros. De modo a antecipar correctamente, é necessário ter uma base sólida para essa antecipação. Por exemplo, analise na sua mente o efeito que uma dada notícia, acabada de sair, poderá ter no mercado. Tente antecipar o efeito psicológico dessa notícia em particular no mercado. Se acredita que é provável que a notícia venha a ter um claro efeito *bullish*[3] ou *bearish*[4] no mercado, não aja em conformidade com o seu pensamento antes que o comportamento do próprio mercado confirme a sua opinião. O efeito no mercado pode não ser tão pronunciado como acreditou que iria ser. Explicando melhor: depois de o mercado ter estado numa tendência definida durante um dado período de tempo, uma notícia favorável ou desfavorável pode não ter o menor efeito no mercado. O próprio mercado, naquele momento, pode estar numa situação de sobrecompra ou sobrevenda, caso em que o efeito daquela notícia em particular será, certamente, ignorado. Nestas ocasiões, o registo dos valores que ocorreram no passado em circunstâncias semelhantes, adquire um valor inestimável para o investidor ou especulador. Nestas alturas, é preciso ignorar por completo as opiniões pessoais e focar totalmente a atenção no comportamento do próprio mercado. Os mercados nunca estão errados – as opiniões estão-no frequentemente. As opiniões não têm qualquer

---

[3] Termo usado em contexto de mercados financeiros para designar um período de subidas (N. T.)

[4] Termo usado em contexto de mercados financeiros para designar um período de quedas (N. T.)

valor para o investidor ou especulador, excepto quando o mercado se comporta de acordo com elas. Nenhum homem ou grupo de homens pode, actualmente, fazer ou desfazer um mercado. Um investidor pode ter uma opinião sobre uma determinada acção e acreditar que ela se vai comportar de uma determinada maneira, seja para cima ou para baixo, e eventualmente estar certo na sua opinião, mas perderá dinheiro se agir demasiado cedo com base nesta opinião. Acreditando que está certo, o investidor age imediatamente, mas logo após a tomada de posição, a acção movimenta-se no sentido contrário. O mercado torna-se pouco líquido; o investidor cansa-se e fecha a posição. Alguns dias mais tarde, talvez a situação pareça melhorar e ele abre novamente posição, mas assim que reentra no mercado a acção volta a comportar-se desfavoravelmente. Uma vez mais, ele começa a duvidar da sua opinião e vende. Finalmente, um movimento de subida começa. Tendo sido demasiado precipitado e tendo feito dois negócios perdentes, o investidor perde a coragem. É também provável que o investidor tenha aberto outras posições e não se encontre numa situação que lhe permita abrir mais uma. Assim, quando se dá o movimento verdadeiro na acção que o investidor tinha comprado prematuramente, ele encontra-se de fora.

O que pretendo deixar claro é isto: depois de formar uma opinião acerca de uma determinada acção não fique demasiado ansioso para tomar posição. Espere e observe o comportamento dessa acção até obter um sinal de compra. Procure uma base fundamental para se guiar. Digamos que, por exemplo, uma acção está a negociar em torno dos 25 dólares e esteve a consolidar num intervalo entre 22 e 28 dólares durante um período de tempo considerável. Partindo do princípio que acredita que esta acção deverá vir a negociar nos 50 dólares, e que esta se encontra, actualmente, nos 25 dólares, seja paciente e aguarde até que a acção se comece a movimentar, atingindo um novo máximo em redor dos 30 dólares. Nessa altura saberá que o mercado validou a sua opinião. A acção encontra-se numa posição de força, caso contrário não poderia ter superado o máximo do intervalo anterior. Tendo feito isto, é altamente provável a ocorrência de um claro avanço – o movimento começou. Este é o momento para agir de acordo com a sua opinião. Não se deixe abater pelo facto de não ter comprado a acção a 25 dólares. Se o tivesse feito, a maior probabilidade era que se tivesse cansado de esperar e que se encontrasse de fora quando o movimento começasse, porque tendo aberto e fechado uma posição a um preço inferior teria ficado desmotivado e não reabriria uma posição no momento certo.

A experiência provou-me que, no que diz respeito à especulação, os maiores ganhos são feitos em posições numa acção ou matéria-prima que apresente um lucro desde o princípio. Mais à frente, quando forem disponibilizados alguns exemplos das minhas operações de negociação, irá reparar que fiz o meu primeiro negócio no momento psicológico, ou seja, num momento em que a força do movimento era tão intensa que este simplesmente tinha de prosseguir. Isto não aconteceu porque eu me posicionei, mas sim porque aquela acção estava particularmente forte. Ela simplesmente tinha de subir – e subiu. Momentos houve em que eu, à semelhança de outros especuladores, não tive a paciência para esperar pelo momento certo. Eu queria ganhar em todos os negócios. Poderá dizer: "com toda a sua experiência, como é que se permitiu fazer semelhante coisa?" A resposta é que sou humano e me encontro sujeito à fraqueza humana. Como todos os especuladores, já permiti que a impaciência toldasse o meu discernimento. A especulação é muito semelhante a um jogo de cartas, seja este póquer, *bridge* ou qualquer outro. Cada um de nós é possuído pela fraqueza comum de querer ter um ganho em cada *jackpot* e certamente gostaríamos de poder jogar todas as mãos no *bridge*. É esta fragilidade humana, que todos nós possuímos em maior ou menor grau, que se torna no maior inimigo dos investidores e dos especuladores e que, se não nos protegermos, nos poderá levar à desgraça. A esperança é um traço humano e o mesmo se pode dizer do medo, mas quando se injecta esperança e medo no negócio da especulação, está-se perante um enorme perigo, pois existe a tendência para confundir os dois, aplicando-os erradamente.

Um exemplo: imagine que compra uma acção a 30 dólares. No dia seguinte, tem uma subida rápida para 32 dólares ou 32,5 dólares. De imediato, sentirá o medo de ver o seu lucro desaparecer se não o recolher rapidamente – portanto, decide fechar a posição com um pequeno lucro, quando aquele era o momento preciso em que deveria ter toda a esperança do mundo. Porque é que se deve preocupar com a perda de dois pontos do lucro que você nem sequer tinha no dia anterior? Se consegue fazer dois pontos de lucro num dia, poderá fazer dois ou três no dia seguinte e talvez mais cinco na semana seguinte. Enquanto uma acção se estiver a comportar correctamente e o mercado também, não se apresse a retirar um lucro. Sabe que está certo, porque se não estivesse, não haveria qualquer lucro. Deixe a posição correr, e acompanhe-a. Poderá crescer até se transformar num lucro muito grande; desde que o comportamento do mercado não ofereça motivos de preocupação tenha a coragem das suas convicções e mantenha a sua posição. Por outro lado, suponha que compra uma acção a 30 dólares e que, no dia seguinte, ela cai para os 28 dólares, apresentando uma perda de dois pontos. Não terá receio de ver uma perda de três pontos ou mais no dia seguinte. Não, vai considerar que se trata de uma reacção meramente temporária, sentindo a certeza de que, no dia seguinte, a acção irá recuperar esta perda. Mas é neste momento que deve ficar preocupado. Esta perda de dois pontos pode ser seguida por mais dois pontos no dia seguinte ou, possivelmente, cinco ou dez dentro de uma ou duas semanas. É nesta ocasião que deve sentir medo, porque se você não sai, pode vir a ser forçado, mais tarde, a suportar uma perda muito maior. Este é o momento em que precisa de se proteger, através da venda da acção, antes que a perda assuma proporções muito maiores.

Os lucros sabem sempre tomar conta de si próprios, mas as perdas não. O especulador tem de se proteger contra perdas consideráveis, aceitando para isso suportar pequenas perdas. Ao proceder deste modo, mantém a sua conta em ordem, de modo a que, numa futura oportunidade, quando tiver uma ideia construtiva, possa estar numa posição de encetar um novo negócio, comprando a mesma quantidade de acções que detinha quando estava errado. O especulador tem de ser o seu próprio agente de seguros e a única forma que tem de continuar activo no negócio é através da salvaguarda do seu capital, nunca permitindo que as perdas coloquem em perigo as suas operações futuras, quando a sua avaliação do mercado estiver correcta. Embora acredite que os investidores e especuladores de sucesso precisam de ter motivos bastante sólidos para abrirem posições em ambos os lados do mercado, creio que também devem ser capazes de determinar o momento para a tomada de posições através de alguma forma de guia específico.

Permita-me que me repita: há certamente alguns momentos em que um movimento realmente toma forma e eu acredito firmemente que qualquer pessoa que tenha o instinto do especulador e paciência poderá inventar um método específico para usar como guia, que lhe permitirá avaliar correctamente qual o momento para abrir a sua posição inicial. A especulação de sucesso não é mera adivinhação. Para ser bem sucedido de uma forma consistente, o investidor ou especulador tem de ter regras pelas quais se guia. Alguns sistemas que eu utilizo podem não ter o menor valor para qualquer outra pessoa. Porque é que isto acontece? Se estes sistemas são de valor inestimável para mim, porque é que lhe não hão-de ser igualmente úteis? A resposta é que nenhum sistema pode estar 100% certo. Se eu uso um determinado sistema, o da minha preferência, eu sei qual deverá ser o resultado. Se a minha acção não se comporta conforme eu previ, de imediato percebo que o momento não é o adequado, pelo que fecho a minha posição. Talvez, alguns dias mais tarde, o meu sistema indique que eu devo abrir novamente uma posição. Então lá vou eu e, provavelmente, dessa vez o sistema estará 100% correcto. Acredito que qualquer investidor que dedique tempo e trabalho ao estudo dos movimentos dos preços deverá ser capaz, mais cedo ou mais tarde, de desenvolver um sistema que o ajude em futuras operações ou investimentos. Neste livro apresento alguns pontos que descobri serem valiosos para as minhas próprias operações especulativas.

Um grande número de especuladores mantém gráficos ou registos de médias. Seguem-nas, para cima e para baixo, e não há dúvida que estes gráficos de médias destacam, por vezes, uma tendência definida. Pessoalmente, nunca me senti atraído por gráficos. De um modo geral, parecem-me demasiado confusos. Todavia, sou tão fanático relativamente à manutenção de registos como outras pessoas são no que diz respeito à manutenção de gráficos. Pode ser que eles estejam certos e eu errado.

A minha preferência pelos registos deve-se ao facto de o meu método de registo me oferecer uma visão clara daquilo que está a acontecer. Mas foi apenas quando eu comecei a tomar em consideração o elemento tempo que os meus registos realmente se tornaram úteis para me ajudarem a prever movimentos significativos no futuro. Creio que ao manter registos adequados e ao tomar em consideração o elemento tempo – que explicarei em pormenor mais adiante – uma pessoa poderá prever os movimentos significativos com um razoável grau de acuidade. Mas é preciso paciência para o fazer.

Se se familiarizar com uma acção ou diferentes grupos de acções e determinar correctamente o elemento tempo em conjugação com os seus registos, mais cedo ou mais tarde será capaz de determinar a aproximação de um movimento importante. Se ler os seus registos correctamente, poderá escolher a acção-líder em qualquer sector. Recordo que precisará de manter os seus próprios registos. Precisa de anotar os números por si próprio. Não deixe qualquer outra pessoa fazer isso por si. Ficará surpreendido com o número de novas ideias que irá formular ao fazer isso; ideias que ninguém lhe poderia dar, porque elas são a sua descoberta, o seu segredo e deve guardá-las para si.

Neste livro, apresento alguns comportamentos que devem ser evitados por investidores e especuladores. Um dos principais comportamentos a evitar é: nunca permitir que uma operação especulativa se transforme num investimento. Os investidores suportam frequentemente perdas tremendas por nenhuma outra razão que não seja a de as suas acções terem sido compradas e pagas.

Quantas vezes já ouviu um investidor dizer: "Não tenho de me preocupar com a flutuação dos pedidos de cobertura[5]. Eu nunca especulo. Quando compro acções, compro as como um investimento. Mesmo que elas desçam, mais tarde acabarão por subir."

Mas, infelizmente para estes investidores, muitas acções, compradas num momento em que eram consideradas bons investimentos, viram a sua condição alterar-se drasticamente. Assim, estas chamadas "acções de investimento" transformam-se, frequentemente, em títulos puramente especulativos. Algumas, pura e simplesmente, desaparecem. O "investimento" original volatiliza-se,

---

[5] *Margin calls* no original (N. T.)

assim como o capital do investidor. Esta situação deve-se à incapacidade de perceber que os alegados "investimentos" podem vir a estar sujeitos, no futuro, a um novo conjunto de condições que poderá colocar em perigo a capacidade ganhadora de uma acção, que originalmente fora comprada como um investimento permanente para o longo prazo. Antes que o investidor se aperceba da alteração da situação, o valor do seu investimento já se encontra grandemente depreciado. Assim sendo, o investidor deve salvaguardar o seu capital da mesma forma que o especulador de sucesso faz no que diz respeito às suas operações especulativas. Se isto fosse feito, aqueles que gostam de chamar a si próprios "investidores" não se veriam forçados a ser especuladores involuntários no futuro – nem as contas de fundos fiduciários[6] perderiam tanto valor.

Recordemos que, ainda não há muitos anos, investir dinheiro na New York, New Haven & Hartford Railroad era considerado tão seguro como tê-lo no banco. No dia 28 de Abril de 1902, a New Haven estava a cotar a 225 dólares por acção. Em Dezembro de 1906, a Chicago Milwaukee & St. Paul cotava a 199,62 dólares. Em Janeiro do mesmo ano, a Chicago Northwestern cotava a 240 dólares por acção. Em 9 de Fevereiro desse ano, a Great Northern Railway cotava a 348 dólares por acção. Todas elas pagavam bons dividendos.

Olhemos hoje para esses "investimentos" – no dia 2 de Janeiro de 1940, cotaram nos seguintes valores: New York, New Haven & Hartford Railroad, 50 cêntimos por acção; Chicago Northwestern a $5/16$, o que corresponde a cerca de 31 cêntimos por acção; Great Northern Railway a 26,62½ por acção; em 2 de Janeiro de 1940, não houve cotação para a Chicago Milwaukee & St. Paul, mas no dia 5 de Janeiro de 1940, ela cotou a 25 cêntimos por acção.

---

[6] *Trust fund accounts* no original (N. T.)

Seria muito simples percorrer a lista de centenas de acções que, no meu tempo, foram consideradas investimentos dourados e que hoje valem pouco ou nada. Assim, no contínuo movimento de distribuição da riqueza, grandes investimentos podem sucumbir e, com eles, as fortunas dos chamados investidores conservadores.

Os especuladores no mercado de acções têm perdido dinheiro. Mas acredito ser seguro afirmar que o dinheiro perdido exclusivamente pela especulação é pouco quando comparado com as somas gigantescas perdidas pelos chamados investidores, que deixaram os seus investimentos correr livremente.

Do meu ponto de vista, os investidores são os grandes jogadores. Eles fazem uma aposta, mantêm-na e se ela correr mal, perdem tudo. O especulador pode comprar ao mesmo tempo. Mas se ele for um especulador inteligente, irá reconhecer – se mantiver registos – os sinais de perigo, avisando-o que nem tudo está bem. Agindo com prontidão, ele irá reduzir as suas perdas a um mínimo e esperar por uma oportunidade mais favorável para reentrar no mercado.

Quando uma acção começa a escorregar, ninguém pode dizer onde irá parar a descida. Também ninguém consegue adivinhar o pico mais elevado de uma acção que se encontra numa subida sustentada. Alguns pensamentos devem ser mantidos bem vivos na mente. Um deles é este: nunca se deve vender uma acção porque ela aparenta estar cara. Poderá ver uma acção a subir dos 10 para os 50 e decidir que esta está a cotar a um nível demasiado elevado. Este é o momento para determinar o que é que impede a acção de iniciar uma subida dos 50 até aos 150, se existirem condições favoráveis para os ganhos e uma boa gestão da empresa. Muitos perderam o seu capital porque resolveram abrir posições curtas numa acção após um longo movimento ascendente, quando esta "parecia estar demasiado cara."

Do mesmo modo, nunca se deve comprar uma acção só porque esta teve uma grande descida desde o seu anterior máximo. A probabilidade é de que a descida tenha acontecido por uma boa razão. Essa acção pode ainda esta a cotar a um preço extremamente elevado relativamente ao seu valor – mesmo que o nível actual pareça baixo. Tente esquecer o intervalo de preços mais elevados do passado e estude a acção com base na fórmula que combina *timing* e preço.

Poderá ser surpreendente para muitos descobrir que, com o meu método de negociação, quando eu vejo nos meus registos que um movimento ascendente se encontra em progressão, eu torno-me comprador assim que a acção faz um novo máximo no seu movimento, depois de ter tido uma retracção normal. O mesmo se aplica quando invisto do lado curto. Porquê? Porque eu estou a seguir a tendência do momento. Os meus registos indicam-me que devo avançar!

Nunca compro em retracções nem abro posições curtas em *rallies*[7].

Um outro ponto: é temerário fazer um segundo negócio se o primeiro negócio se revelou perdente. Nunca baixe o preço médio de posições perdentes. Faça com que este princípio fique para sempre inscrito na sua mente.

---

[7] *Rally*: termo usado em contexto de mercados financeiros para designar um período de subidas (N. T.)

Capítulo II.
Quando é que uma acção se comporta correctamente?

As acções, tal como as pessoas, possuem carácter e personalidade próprias. Algumas são tensas, nervosas e voláteis – outras são transparentes, directas e lógicas. Um especulador competente acaba por conhecer e respeitar as características individuais de cada instrumento financeiro. Os seus comportamentos são previsíveis, mesmo quando a conjuntura varia.

Os mercados nunca estão parados. Podem, por vezes, parecer muito monótonos, mas não se encontram parados num único preço. Movem-se para cima ou para baixo, nem que seja apenas alguns cêntimos. Quando uma acção entra numa tendência definida, ela irá evoluir, automática e consistentemente, ao longo de certas linhas durante toda a progressão do seu movimento.

No início do movimento, poderá notar-se um volume muito elevado de transacções, com uma subida gradual dos preços durante alguns dias. Então, ocorrerá aquilo a que eu chamo uma "Retracção Normal". Durante essa retracção, o volume de transacções será muito menor que aquele que ocorreu nos dias anteriores, durante a subida. Nesse momento, esta pequena correcção é completamente normal. Nunca tenha medo de um movimento normal. Mas tenha muito medo de movimentos anormais.

Passados um ou dois dias, a actividade recomeçará e o volume irá aumentar. Se este for um movimento verdadeiro, haverá uma recuperação da correcção normal anterior num curto espaço de tempo e a acção fará novos máximos. Este movimento deverá continuar forte durante alguns dias, registando-se apenas algumas correcções diárias de pequena amplitude. Mais cedo ou mais tarde, a acção chegará a um ponto no qual será inevitável outra correcção normal. Quando isto ocorrer, deverá acontecer nos mesmos moldes da primeira correcção, pois este é o comportamento natural de qualquer acção quando esta se encontra numa tendência definida. Durante a primeira fase de um movimento deste tipo, a distância entre dois máximos consecutivos não é muito grande. Porém, à medida que o tempo passa, notará que a acção começa a acelerar na subida.

Por exemplo: considere uma acção que começa nos 50. No primeiro segmento de um movimento, poderá subir gradualmente até aos 54. Uma correcção normal de um dia ou dois poderá trazê-la de volta à zona dos 52½. Três dias depois, volta às subidas. Durante esse tempo, poderá subir aos 59 ou 60, antes de ocorrer outra correcção normal. No entanto, em lugar de corrigir apenas um ponto ou um ponto e meio, uma correcção natural a partir desse nível poderá facilmente atingir os 3 pontos. Quando a acção retoma as subidas alguns dias mais tarde, notará que o volume de transacções não é de longe tão elevado como o foi no início do movimento. A acção está a tornar-se mais difícil de comprar. Se for este o caso, os próximos pontos na subida serão muito mais rápidos que anteriormente. A acção poderá facilmente ir de um máximo anterior de 60 para 68 ou 70 sem registar qualquer correcção natural. Quando, finalmente, essa retracção normal ocorrer, ela poderá ser muito mais drástica. Poderá facilmente corrigir até aos 65 e, ainda assim, estarmos perante uma descida normal. Partindo do princípio de que a correcção foi de cinco pontos ou à volta disso, não deverão passar muitos dias até que a subida seja retomada e a acção deverá atingir um novo máximo. E é neste ponto que o elemento tempo aparece.

Não permita que a acção fique a envelhecer na sua carteira. Após ter obtido um bom lucro, deverá ter paciência, mas não deixe que a paciência crie um tal estado de espírito que o faça ignorar os sinais de perigo.

A acção recomeça a subir e regista uma valorização de cinco ou sete pontos num dia, seguida talvez de mais oito ou dez no dia seguinte – com grande actividade – mas subitamente, durante a última hora do dia, regista uma quebra anormal de sete ou oito pontos. Na manhã seguinte, a correcção continua e a acção desce mais um ponto e então começa, uma vez mais, a subir, fechando bastante forte. Mas, no dia seguinte, por qualquer razão, este movimento não continua.

Este é um sinal de perigo iminente. Durante toda a progressão do movimento, todas as retracções tinham sido naturais. Então, subitamente, dá-se uma correcção anormal – e por "anormal" quer dizer uma correcção intradiária de seis ou mais pontos a partir do máximo do dia – algo que nunca tinha acontecido anteriormente nesta acção, e quando algo de anormal ocorre no mercado, isto significa que se acendeu um sinal de perigo, que não deve ser ignorado.

Teve paciência para manter a acção durante toda a sua progressão natural. Tenha a coragem e o bom senso de respeitar o sinal de perigo e fechar a posição.

Eu não digo que estes sinais de perigo estejam sempre correctos, pois, conforme afirmei anteriormente, nenhuma regra que se aplique às flutuações do mercado poderá estar 100% correcta. Porém, se lhes prestar atenção consistentemente, no longo prazo irá lucrar muito.

Um especulador de grande génio disse-me uma vez: "quando me é dado um sinal de perigo, eu não discuto com ele. Eu saio! Alguns dias mais tarde, se tudo me parecer bem, posso sempre reabrir uma posição. Deste modo, terei poupado muitas preocupações e muito dinheiro. Eu penso nestes termos: se eu estiver a andar ao longo de uma linha férrea e vir um comboio expresso a aproximar-se a uma velocidade de 60 milhas por hora, não serei louco a ponto de não sair da linha para deixar passar o comboio. Depois de o comboio ter passado, posso sempre voltar à linha férrea, se assim o desejar." Tenho sempre recordado esta história como uma imagem de sabedoria especulativa.

Todos os especuladores prudentes estão sempre alerta para detectar eventuais sinais de perigo. Curiosamente, o problema com a maioria dos especuladores é que algo dentro deles os impede de encontrar a coragem suficiente para fechar as posições quando isto deve ser feito. Hesitam, e durante este período de hesitação assistem à descida das cotações no valor de vários pontos. Então, eles dizem: "no próximo *rally*, fecharei a posição!" Quando o próximo *rally* chega, e isso acabará por acontecer, esquecem aquilo que tencionavam fazer, porque na sua opinião o mercado está outra vez a comportar-se favoravelmente. No entanto, aquele *rally* era apenas um ressalto temporário, que rapidamente se acaba e então o mercado começa a ir verdadeiramente para baixo. E eles estão no meio disto – devido à sua hesitação. Se estivessem a usar um sistema, este ter-lhes-ia dito o que fazer, poupando-lhes não só muito dinheiro, mas também muitas preocupações.

Permita-me que diga isto outra vez: o lado humano de cada pessoa é o maior inimigo do investidor ou especulador comum. Porque é que uma acção não há-de subir novamente depois de começar a corrigir no final de uma grande subida? É claro que em alguma altura ela subirá. Mas porquê esperar que comece a subir exactamente no ponto em que você pretende que ela suba? A probabilidade é que não o faça. E, mesmo se o fizer, o especulador de tipo vacilante poderá não retirar vantagem dessa subida.

Aquilo que estou a tentar deixar claro para aquela parte do público que deseja abordar a especulação como um negócio sério – e pretendo deliberadamente reiterar esta parte – é que devaneios e fantasias devem ser banidos por completo; não é possível ter sucesso a especular todos os dias ou todas as semanas; há apenas alguns momentos no ano, possivelmente quatro ou cinco, em que poderá permitir-se abrir quaisquer posições. Nos intervalos estará a permitir que no mercado tome forma o próximo grande movimento.

Se tiver avaliado correctamente o início do movimento, a primeira posição que abrir dar-lhe-á um lucro desde o primeiro momento. A partir daí, só lhe é pedido que esteja alerta, monitorizando o aparecimento do sinal de perigo que lhe irá dizer para fechar a posição e converter lucros de papel em dinheiro real.

Lembre-se disto: quando não está a fazer nada, aqueles especuladores que sentem a necessidade de negociar todos os dias estão a lançar as fundações para o seu próximo negócio. Os erros deles serão os seus benefícios.

A especulação é demasiado excitante. A maioria das pessoas que especulam assola os escritórios das corretoras ou recebe frequentes chamadas telefónicas e, depois de um dia de negócios, falam sobre os mercados com os seus amigos em todas as reuniões sociais. O *ticker* ou o *translux*[8] estão sempre nas suas mentes. Estão tão focados nas mais pequenas subidas e descidas, que perdem os grandes movimentos. Quase invariavelmente, a grande maioria tem posições abertas do lado errado quando uma grande tendência se instala. O especulador que insiste em tentar ter lucro a partir dos mais pequenos movimentos diários

---

[8] Marca de um leitor de cotações que era usado nos anos 1920 e 1930, também conhecido por *movie ticker* (N. T.)

nunca estará numa posição que lhe permita retirar vantagem da próxima grande mudança no mercado, quando esta ocorrer.

Esta fraqueza pode ser corrigida através da manutenção e do estudo dos registos dos movimentos dos preços das acções e do modo como estes ocorrem e também levando cuidadosamente em conta o elemento tempo.

Há muitos anos, eu soube de um especulador extremamente bem sucedido que vivia nas montanhas da Califórnia e que recebia as cotações com três dias de atraso. Duas ou três vezes por ano, ele visitava o seu corretor em São Francisco e começava a transmitir ordens de compra e venda, dependendo da sua posição no mercado. Um amigo meu que passava algum tempo no escritório deste corretor, ficou curioso e quis saber mais. O espanto dele aumentou quando descobriu que aquele homem costumava estar afastado das instalações dos mercados, raramente aparecia e negociava grandes volumes. Por fim, ele foi-lhe apresentado e durante a conversa perguntou a este homem das montanhas como é que ele conseguia monitorizar o mercado de acções num local tão isolado.

"Bem, respondeu ele, eu faço da especulação um negócio. Seria um fracasso se eu estivesse no meio da confusão das coisas e me deixasse distrair pelas mais pequenas alterações. Gosto de estar longe, onde consigo pensar. Sabe, eu mantenho um registo daquilo que aconteceu depois de ter acontecido e isso dá-me uma imagem muito clara sobre aquilo que está a acontecer nos mercados. Os movimentos reais não acabam no dia em que começam. Um movimento genuíno precisa de tempo para se concretizar na totalidade. Pelo facto de estar lá nas montanhas, encontro-me numa posição de dar a estes movimentos todo o tempo de que eles precisam. Mas chega um dia em que eu obtenho alguns preços e os coloco nos meus registos. Noto que os preços que acabo de registar não são conformes com o padrão do movimento que estava em curso há algum tempo. Logo naquele momento, tomo uma decisão. Vou à cidade e começo a negociar."

Isto aconteceu há muitos anos. Consistentemente, durante um longo período de tempo, o homem das montanhas obteve abundantes rendimentos a partir do mercado de acções. Ele foi uma espécie de inspiração para mim. Fui trabalhar ainda com mais afinco que nunca, com o objectivo de conjugar o elemento tempo com todos os outros dados que eu compilara. Graças a um esforço constante, fui capaz de organizar de uma forma coordenada os meus registos, que me ajudaram a prever os movimentos futuros com surpreendente precisão.

Capítulo III.
Siga os líderes

Após um período de sucesso no mercado de acções, existe sempre a tentação de se tornar despreocupado ou excessivamente ambicioso. Nessa altura, é necessário um sólido senso comum e lucidez para manter aquilo que se possui. Na verdade, não é inevitável perder dinheiro depois de o obter, desde que sejam observados alguns princípios básicos.

Sabemos que os preços se movem para cima e para baixo. Sempre o fizeram e sempre o farão. A minha teoria é que por trás destes grandes movimentos existe uma força irresistível. Isto é tudo o que precisamos de saber. Ser demasiado curioso sobre todas as razões por trás dos movimentos de preços não traz qualquer benefício. Arrisca-se a toldar o seu pensamento com aspectos que não são essenciais. Limite-se a reconhecer que o movimento está lá e retire vantagem dele, orientando a sua embarcação especulativa de acordo com a maré. Não discuta com a conjuntura e, acima de tudo, não tente combatê-la.

Tenha também em atenção que é demasiado perigoso começar a dispersar-se demasiado no mercado. Com isto quero dizer que não deve ter posições abertas em demasiadas acções ao mesmo tempo. É muito mais fácil controlar algumas do que muitas. Cometi este erro há alguns anos e custou-me dinheiro.

Outro erro que cometi foi o de me permitir estar completamente *bearish* ou *bullish* no que diz respeito ao mercado como um todo, apenas porque uma acção de um determinado sector tinha revertido completamente o seu movimento, face à tendência geral do mercado. Antes de abrir uma nova posição, eu devia ter sido paciente e aguardado pelo momento em que algumas outras acções num sector diferente me tivessem indicado que a descida ou a subida tinha efectivamente terminado. Com tempo, outras acções teriam certamente dado a mesma indicação. Essas eram as pistas pelas quais eu deveria ter aguardado.

Mas em vez de fazer isso, senti a onerosa necessidade de me tornar activo no mercado todo, permitindo assim que o anseio pela actividade substituísse o senso comum e o discernimento. Claro que fiz dinheiro nos meus negócios no primeiro e no segundo sectores. No entanto, desperdicei uma parte substancial desse dinheiro ao abrir posições noutros sectores antes de ter chegado o momento certo.

No tempo dos *bull markets*[9] selvagens dos finais dos anos 1920, vi claramente que a subida das acções do cobre estava a chegar ao fim. Algum tempo mais tarde, a subida no sector automóvel atingiu o seu zénite. Dado que o *bull market* nestes dois sectores tinha terminado, rapidamente cheguei à conclusão errónea que podia vender tudo com segurança. Detestaria dizer-lhe a quantidade de dinheiro que perdi ao agir com base naquela premissa.

Enquanto eu estava a acumular lucros nas minhas acções do cobre e do sector automóvel, perdi ainda mais durante os seis meses seguintes ao tentar adivinhar o topo do sector das *utilities*. Por fim, este e outros sectores atingiram os seus picos. Por essa altura, a Anaconda estava a cotar 50 pontos abaixo do seu máximo anterior e as acções do sector automóvel aproximadamente com a mesma proporção.

Aquilo que pretendo salientar é o seguinte: quando vir claramente um movimento a formar-se num determinado

---

[9] Expressão muito usada em contexto de mercados financeiros para designar um mercado com tendência de alta (N. T.)

sector, aja em conformidade, mas não se permita agir da mesma maneira noutros sectores até ver claramente que um deles se encontra numa posição semelhante. Tenha paciência e aguarde. A seu tempo verá noutros sectores o mesmo tipo de indicação que viu no primeiro. Procure não abrir demasiadas posições.

Limite os seus estudos dos movimentos às acções mais proeminentes de cada dia. Se não conseguir fazer dinheiro investindo nos activos que lideram as valorizações, então não conseguirá fazer dinheiro no mercado de acções como um todo.

Tal como os estilos das roupas, dos chapéus e das jóias das senhoras estão sempre mudar ao longo do tempo, também os antigos líderes do mercado de acções são abandonados e novos líderes emergem para tomar os seus lugares. Há alguns anos, os principais líderes eram: empresas de transporte ferroviário, American Sugar e American Tobacco. Então apareceram os aços, e a American Sugar e a American Tobacco foram empurradas para segundo plano. Depois surgiram os automóveis, e assim por diante até à actualidade. Hoje temos apenas quatro sectores em posições dominantes no mercado: aços, automóveis, aeronáutica e vendas por catálogo. Para onde eles forem, todo o mercado irá. Com o passar do tempo, novos líderes entrarão em cena e alguns dos antigos líderes serão abandonados. Será sempre assim enquanto existir mercado de acções.

Decididamente, não é boa ideia tentar manter um registo de demasiadas acções ao mesmo tempo. Ficará enredado e confuso. Tente fazer uma análise comparativa de alguns sectores. Descobrirá que deste modo é muito mais fácil obter uma imagem precisa do que se tentar dissecar o mercado inteiro. Se analisar correctamente o comportamento de duas acções pertencentes a cada um dos quatro sectores mais proeminentes, não precisará de se preocupar com aquilo que as restantes estão acções a fazer.

Voltamos à velha história do 'siga o líder'. Procure manter-se mentalmente flexível. Lembre-se que os líderes de hoje poderão não ser os mesmos daqui a dois anos.

Actualmente, mantenho nos meus registos quatro sectores distintos. Isto não quer dizer que eu esteja a negociar em todos estes grupos ao mesmo tempo. Mas faço isto com um objectivo específico em mente.

Quando, há muito muito tempo, me interessei pela primeira vez pelo movimento dos preços, decidi testar a minha capacidade para prever correctamente os movimentos futuros. Registava negócios fictícios num pequeno caderno que trazia sempre comigo. Finalmente, fiz o meu primeiro negócio real. Nunca esquecerei esse negócio. Detinha metade de uma posição sobre cinco acções da Chicago Burlington & Quincy Railway Stock, compradas com um amigo e o meu lucro ascendeu a 3 dólares e 12 cêntimos. A partir daquele momento, tornei-me um especulador por conta própria.

Nas actuais condições, não acredito que um especulador da velha guarda que negoceie volumes elevados tenha grandes hipóteses de ser bem sucedido. Quando digo 'especuladores da velha guarda' estou a pensar no tempo em que os mercados eram muito vastos e líquidos e um especulador podia abrir uma posição de 5 mil ou 10 mil acções de uma empresa cotada, entrando e saindo sem influenciar grandemente o seu preço.

Após abrir a sua posição inicial, se a acção se comportasse favoravelmente, o especulador podia, a partir desse momento, reforçar a sua posição com segurança. Antigamente, quando a decisão do especulador se revelava menos acertada, ele podia fechar a sua posição facilmente, sem sofrer uma perda excessiva. Contudo, hoje, se a sua posição inicial se tornar insustentável, ele sofrerá uma perda devastadora ao tentar fechá-la, por causa da relativa falta de liquidez do mercado.

Por outro lado, conforme sugeri anteriormente, o especulador de hoje que tenha a paciência e o discernimento para aguardar pelo momento certo de agir tem, em minha opinião, melhores possibilidades de vir a obter lucros interessantes, porque o mercado actual não se presta a demasiados movimentos artificiais, movimentos que, noutros tempos, perturbaram frequentemente os cálculos científicos, tornando-os pouco úteis.

Torna-se, portanto, óbvio que nas condições actuais nenhum especulador inteligente se permitirá operar na mesma escala que era mais ou menos comum há alguns anos. Ele estudará um número limitado de sectores e os líderes desses sectores. Aprenderá a olhar antes de saltar. Porque uma nova era de mercados acaba de ter início – uma era que oferece oportunidades mais seguras para o investidor e o especulador racional, estudioso e competente.

Capítulo IV.
Dinheiro na mão

Quando se trata de lidar com rendimento extraordinário, não delegue a tarefa em ninguém.

Quer esteja a lidar com milhões ou com milhares, aplica-se o mesmo princípio: é o seu dinheiro. Continuará a ser o seu dinheiro enquanto o guardar. Uma das formas mais certas de o perder é através de má especulação.

Os erros cometidos por especuladores incompetentes abrangem uma larga escala. Já alertei contra a prática de baixar o preço médio. Trata-se de uma abordagem muito comum. Muitas pessoas compram uma acção, digamos a 50, e dois ou três dias mais tarde, se a puderem comprar a 47, sentem uma súbita necessidade de baixar o preço médio, através da compra de mais uma centena de acções, fazendo com que o preço do conjunto baixe para 48½. Tendo comprado a 50, e estando preocupado com uma perda de 3 pontos em 100 acções, que razão existe para comprar mais uma centena de acções e ficar com o dobro das preocupações quando o preço chegar aos 44? Quando chegar a esse preço, a perda será de 600 dólares na primeira centena de acções de 300 dólares no segundo lote.

Se realmente quisermos aplicar este princípio pouco saudável, devemos continuar a baixar o preço médio através da compra de duzentas acções a 44; mais quatrocentas a 41; oitocentas a 38; mil e seiscentas a 35; três mil e duzentas a 32; seis mil e quatrocentas a 29 e por aí adiante. Quantos especuladores conseguem suportar esta pressão? Ora, se esta é uma estratégia saudável, ela não deve ser abandonada. Claro que movimentos anormais, como aquele que indiquei, não acontecem com frequência. No entanto, é precisamente contra estes movimentos anormais que o especulador se deve proteger, de forma a evitar o desastre.

Portanto, correndo o risco de me repetir, e de ser acusado de dar sermões, permita-me que o incite a evitar a prática de baixar o preço médio.

No que diz respeito a corretores, conheço apenas uma dica de confiança: é o pedido de cobertura por parte do corretor. Quando ele chega, feche a sua conta. Você está do lado errado do mercado. Para quê empenhar mais capital no reforço de posições perdentes? Guarde o seu dinheiro para outro dia. Arrisque-o em algo mais atractivo do que num negócio claramente perdedor.

Um homem de negócios de sucesso vende a crédito a vários clientes, mas não gostará de vender o seu *stock* todo a um único cliente. Quanto maior for o número de clientes, mais uniforme será a distribuição do risco. Do mesmo modo, uma pessoa envolvida no negócio da especulação deverá arriscar apenas um montante limitado em cada negócio. O capital está para o especulador como as mercadorias nas prateleiras estão para o comerciante.

Um dos maiores erros de todos os especuladores deriva da ânsia de enriquecerem demasiado depressa. Em vez de levarem dois ou três anos para valorizarem o seu capital em 500%, tentam fazê-lo em dois ou três meses. De vez em quando, têm sucesso. Mas será que estes especuladores temerários conseguem conservar o dinheiro ganho deste modo? Não conseguem. Porquê? Porque é dinheiro pouco saudável, que aparece rapidamente e apenas pára para uma curta visita. Nestas condições, o especulador perde o sentido do equilíbrio. Ele diz: "se eu consigo fazer 500% com o meu capital em dois meses, pensem naquilo que eu serei capaz de fazer nos próximos dois! Vou fazer uma fortuna."

Especuladores deste género nunca estão satisfeitos. Continuam a arriscar até que algo de errado acontece – algo drástico, imprevisto e devastador. Por fim, chega o pedido de cobertura final do corretor, aquela que não pode ser coberta e este tipo de jogador apaga-se como uma lâmpada. Ele até poderá tentar negociar mais algum tempo junto do corretor ou, se não tiver muito azar, poderá ter salvado um pé-de-meia que lhe permitirá um recomeço modesto.

Os homens de negócios que abrem uma pequena loja ou um grande estabelecimento comercial não esperam obter um retorno superior a 25% sobre o seu investimento no primeiro ano. Contudo, para as pessoas que entram no mercado da especulação, 25% não é nada. Andam à procura de 100%. E os seus cálculos são erróneos; não conseguem fazer da especulação um negócio, gerindo-o de acordo com princípios empresariais.

Aqui está um outro pequeno conselho que talvez seja boa ideia recordar. Um especulador deve ter como regra retirar uma parte do lucro sempre que fechar uma posição ganhadora, depositando essa quantia num cofre dum banco. O único dinheiro que os especuladores conseguem tirar de Wall Street é aquele que eles retiram das suas contas depois de fecharem posições ganhadoras.

Recordo-me de um dia em Palm Beach[10]. Tinha deixado Nova Iorque com uma importante posição curta aberta. Alguns dias após a minha chegada a Palm Beach, o mercado teve uma quebra considerável. Era uma oportunidade para transformar a valorização em dinheiro real – algo que eu fiz.

Após o fecho do mercado, transmiti uma mensagem ao operador do telégrafo, para que este dissesse ao escritório de Nova Iorque para enviar imediatamente um milhão de dólares para o meu banco, a fim de serem

---

[10] Nome de uma localidade costeira no estado da Florida, E.U.A. (N. T.)

depositados na minha conta. O operador do telégrafo quase desmaiou. Depois de enviar a transmissão, perguntou-me se podia ficar com o papel da mensagem. Perguntei-lhe porquê. Disse-me que era operador há vinte anos e que aquela era a primeira mensagem que ele alguma vez tinha enviado a pedir a um corretor para depositar dinheiro num banco a favor de um cliente. E continuou:

"Já passaram por este telégrafo milhares e milhares de mensagens, a exigirem a cobertura de margens por parte dos seus clientes. Mas nunca antes uma mensagem como a sua. Quero mostrá-la aos rapazes."

O único momento em que o especulador comum consegue retirar dinheiro da sua conta de investimento é quando não tem qualquer posição aberta ou quando tem excesso de liquidez. Ele não retirará dinheiro quando os mercados estão a agir contra ele, porque precisa de todo o seu capital para cobrir as margens. Não o retira após fechar uma posição ganhadora porque diz para si mesmo:

"Da próxima vez conseguirei fazer o dobro."

Por conseguinte, a maioria dos especuladores raramente vê a cor do dinheiro. Para eles, o dinheiro não é real nem tangível. Durante anos, criei o hábito de retirar dinheiro depois de fechar uma posição ganhadora. Costumava retirar uma média de 200 mil ou 300 mil dólares de cada vez. Era uma boa política. Tem valor psicológico. Tente fazer o mesmo. Conte o dinheiro. Eu costumava fazê-lo. Sabia que tinha algo na minha mão. Sentia-o. Era real.

Dinheiro na conta da corretora ou na conta bancária não é a mesma coisa que senti-lo com as nossas mãos durante algum tempo. Só então significa algo. Emerge uma sensação de posse que faz com que fiquemos um pouco menos inclinados a tomar posições arriscadas que possam conduzir à perda desses ganhos. Assim, olhe para o seu dinheiro real de vez em quando, particularmente entre dois períodos de negociação.

No que diz respeito a estas matérias, há demasiado desprendimento por parte do especulador comum.

Quando um especulador tem a sorte de duplicar o seu capital inicial, deverá imediatamente retirar metade do seu lucro e guardá-lo como reserva. Esta política tem-me ajudado imenso em inúmeras ocasiões. Apenas lamento não ter observado esta regra durante toda a minha carreira. Em algumas situações, teria tornado o caminho mais fácil.

Nunca fui capaz de ganhar um dólar fora de Wall Street. Mas já perdi muitos milhões de dólares retirados de Wall Street a "investir" noutros negócios. Recordo-me de investimentos imobiliários durante o *boom* da Florida, poços de petróleo, produção de aviões, e o aperfeiçoamento e a comercialização de produtos baseados em novas invenções. Em todos estes negócios, perdi todo o dinheiro que investi.

Num destes negócios que estimulou o meu entusiasmo, tentei convencer um amigo a investir 50 mil dólares. Ele ouviu a minha história com muita atenção. Quanto terminei, ele disse: "Livermore, nunca conseguirás ter sucesso em qualquer negócio para além do teu. Se quiseres 50 mil dólares para especulares, basta pedi-los, mas por favor especula e mantém-te afastado de outros negócios."

Na manhã seguinte, com grande surpresa minha, o correio trouxe um cheque com aquela quantia de que eu não precisava.

Uma vez mais, a lição a retirar é a de que a especulação, ela própria, um negócio, devendo ser vista como tal por todos. Não se deixe influenciar por entusiasmos, elogios ou tentações. Lembre-se que, por vezes, os corretores contribuem, involuntariamente, para a desgraça de muitos especuladores. O negócio dos corretores está nas comissões. Eles não podem ganhar comissões se os clientes não transaccionarem. Quanto mais negócios, mais comissões. O especulador quer transaccionar e o corretor não só concorda, como muitas vezes encoraja o *overtrading*[11]. O especulador pouco informado considera o corretor como seu amigo e rapidamente começa a fazer *overtrading*.

Se o especulador conseguir identificar correctamente os momentos indicados para fazer *overtrading*, esta prática justifica-se. Em certos momentos, poderá fazer sentido ou ser mesmo necessário adoptar esta prática. Mas uma vez adquirido este hábito, são poucos os especuladores suficientemente inteligentes para parar. Eles deixam-se envolver e perdem um particular sentido de equilíbrio que é essencial para conseguir ter sucesso. Nunca pensam no dia em que estarão errados. Mas esse dia há-de chegar. O dinheiro fácil ganha asas e há outro especulador falido.

Nunca transaccione excepto se souber que o pode fazer com segurança financeira.

---

[11] Expressão usada para designar uma situação em que o investidor realiza um número excessivo de operações de compra e venda (N. T.)

Capítulo V.
O Ponto Pivô

Sempre que tive paciência para aguardar que o mercado chegasse àquilo a que chamo o "Ponto Pivô"[12] antes de começar a negociar, fiz dinheiro nas minhas operações.

Porquê?

Porque nessas ocasiões comecei a minha transacção exactamente no momento psicológico do início do movimento. Nunca tive de me preocupar com uma perda, pela simples razão de que agi prontamente e comecei a aumentar a minha posição logo a partir do momento em que o meu sistema me deu indicações para o fazer. Tudo o que eu tinha de fazer a partir daquele momento era simplesmente ficar quieto e deixar que o mercado seguisse o seu caminho, sabendo que, se o fizesse, o comportamento do próprio mercado me daria o sinal para realizar os meus lucros na altura certa. E sempre que tive autodomínio e paciência para esperar por esse sinal, ele invariavelmente apareceu. Pela minha experiência, nunca beneficiei muito de um movimento, a não ser que o tenha apanhado logo no seu início. E a razão para tal é que perdi o período inicial de lucros, que é muito importante para fornecer a coragem e a paciência necessárias para manter a posição aberta até o movimento ter terminado – bem como para lidar com quaisquer pequenas retracções ou subidas que normalmente acontecem, de tempos a tempos, antes do final de um movimento.

---

[12] *Pivotal Point* no original (N. T.)

Tal como, em devido tempo, os mercados dão dicas positivas para entrarmos – se tivermos paciência para esperar –, também nos dão indicações de saída. "Roma e Pavia não se fizeram num dia". E nenhum movimento importante termina num dia ou numa semana. Precisa de tempo para percorrer o seu caminho. Não deixa de ser importante que uma grande parte de um movimento no mercado ocorra nas últimas 48 horas de uma jogada. E esse é o momento mais importante para estar em jogo.

Por exemplo: considere uma acção que tenha estado numa Tendência Descendente há bastante tempo e que atinge um mínimo de 40. Nessa altura, tem uma subida rápida até 45 em poucos dias, e então mantém-se um pouco abaixo desse valor durante uma semana e depois volta a subir até atingir 49½. Durante alguns dias o mercado torna-se desinteressante e inactivo. Então, um dia, entra novamente em actividade e cai 3 ou 4 pontos, e continua a cair até atingir um preço próximo do seu Ponto Pivô de 40. Este é o momento em que o mercado deverá ser observado atentamente, porque se a acção for realmente retomar a sua Tendência Descendente, deverá cotar 3 pontos abaixo do seu ponto pivô de 40 antes de registar qualquer subida importante. Se não conseguir quebrar os 40, isto é uma indicação de que devemos comprar logo que ela suba 3 pontos acima do mínimo registado durante a correcção. Se o ponto dos 40 for quebrado mas essa quebra não atingir os 3 pontos de amplitude, então a acção deverá ser comprada assim que subir até aos 43.

Se qualquer uma destas situações acontecer, descobrirá que, na maioria dos casos, marca o início de uma nova tendência, e que se essa tendência for confirmada de uma forma positiva, a acção continuará a subir e atingirá um preço três pontos acima do Ponto Pivô de 49½.

Eu não uso os termos *bullish* ou *bearish* quando se trata de definir as tendências do mercado, porque penso que demasiadas pessoas, quando ouvem os termos *bullish* ou *bearish*, pensam imediatamente que isto se aplica ao movimento que o mercado vai ter durante um longo período de tempo.

Tendências bem definidas desse tipo não ocorrem com frequência – apenas uma vez a cada quatro ou cinco anos –, mas durante esse tempo ocorrem várias tendências bem definidas que se prolongam durante períodos de tempo relativamente curtos. Por conseguinte, uso as expressões "Tendência Ascendente" e "Tendência Descendente", porque expressam com acuidade o que se está a passar num momento específico. Além disso, se fizer uma compra porque pensa que o mercado está numa Tendência Ascendente, e algumas semanas depois chegar à conclusão de que afinal o mercado está a iniciar uma Tendência Descendente, ser-lhe-á muito mais fácil aceitar a reversão da tendência do que se tivesse uma opinião formada, segundo a qual o mercado estaria numa fase *bullish* ou *bearish*.

O Método Livermore de registo de preços, em conjugação com o elemento tempo, é o resultado de mais de 30 anos de estudo dos princípios que me têm servido para desenvolver um sistema básico para a previsão de movimentos importantes.

Após ter feito o meu primeiro registo, descobri que este não me era de grande utilidade. Algumas semanas mais tarde, tive um novo pensamento, surgido a partir de novos esforços, mas, apesar de ser um melhoramento relativamente ao primeiro registo, cheguei à conclusão de ainda não me fornecia a informação que eu desejava. À medida que novos pensamentos surgiam, eu ia criando novos tipos de registos. Gradualmente, após muitas tentativas, comecei a desenvolver ideias novas que ainda não tinha tido e cada registo que fazia assumia uma forma melhor. Então, ocasionalmente, iniciei o processo de conjugação do elemento tempo com o movimento dos preços, e os meus registos começaram a falar comigo!

A partir desse momento alterei a forma de fazer os meus registos, o que me permitiu determinar Pontos Pivô e perceber como deveria aplicá-los para obter lucros no mercado.

De então para cá, alterei os meus cálculos em mais de uma ocasião, mas os meus registos actuais estão dispostos de tal maneira que também podem falar consigo, se deixar que isso aconteça.

Quando um especulador consegue determinar o Ponto Pivô de uma acção e interpretar o movimento nesse ponto, poderá abrir uma posição com a segurança de estar certo desde o início.

Há muitos anos, comecei a obter lucros através de negócios muito simples, com recurso ao método do Ponto Pivô. Observara que, frequentemente, quando uma acção cotava a 50, 100, 200 e até a 300, ocorria quase sempre um movimento rápido e directo, depois de esses valores terem sido ultrapassados.

A minha primeira tentativa de obter lucro com estes Pontos Pivô foi com as acções da velha Anaconda[13]. No momento em que cotou a 100, coloquei uma ordem de compra de 4000 acções. A ordem não foi executada até a acção ultrapassar os 105 alguns minutos mais tarde. Nesse dia, subiu cerca de 10 pontos e no dia seguinte registou outra notável subida. Com apenas algumas correcções normais de 7 ou 8 pontos, a subida continuou bem para lá dos 150, num curto período de tempo. Em nenhum momento esteve em perigo o Ponto Pivô dos 100.

Desde essa ocasião, raramente passei ao lado de uma grande jogada sempre que foi possível trabalhar com um Ponto Pivô. Quando a Anaconda chegou aos 200, repeti a

---

[13] O nome refere-se à Anaconda Copper Mining Company, uma empresa do sector mineiro fundada em 1881 (N. T.)

minha jogada bem sucedida e fiz novamente a mesma coisa quando ela cotou nos 300. Mas nesta última ocasião ela não subiu como era esperado. Cotou apenas nos 302¾. Estava claramente a emitir um sinal de perigo. Portanto, eu vendi as minhas 8000 acções, tendo a sorte de receber 300 por acção nas primeiras 5000 acções, e 299¾ em 1500 acções. As 6500 acções foram vendidas em menos de 2 minutos, mas foram precisos mais 25 minutos para vender as restantes 1500 acções em lotes de 100 e 200, já a cotar a 298¾ quando o mercado fechou. Tinha a certeza que, a partir do momento em que a acção cotou abaixo dos 300, iria sofrer um movimento descendente rápido e acentuado. Na manhã seguinte havia grande agitação. A Anaconda estava a cair muito em Londres; abriu em Nova Iorque a cotar substancialmente abaixo e em poucos dias estava a ser vendida a 225.

Ao usar o Ponto Pivô para antecipar movimentos do mercado, tenha em mente que se a acção não se comportar como esperado ao cruzar o Ponto Pivô, tal deve ser interpretado como um sinal de perigo, que deve ser respeitado.

Conforme demonstrado no episódio acima descrito, depois de cruzar os 300, a acção da Anaconda teve um comportamento totalmente diferente daquele que registou quando cruzou os 100 e os 200. Nessas ocasiões tinha havido uma rápida subida de pelo menos 10 a 15 pontos imediatamente a seguir ao cruzamento do Ponto Pivô. Mas, desta vez, em lugar de o título se tornar mais difícil de comprar, o mercado estava a ser inundado com grandes quantidades de acções – de tal modo que a acção simplesmente não podia continuar a subir. Por conseguinte, o comportamento da acção logo acima dos 300 mostrou claramente que se tinha tornado uma acção perigosa para manter em carteira. Isto deixou claro que aquilo que normalmente acontece quando uma acção cruza o Ponto Pivô não ia acontecer desta vez.

Numa outra ocasião, recordo-me de ter esperado três semanas antes de ter começado a comprar Bethlehem Steel. No dia 7 de Abril de 1915, esta acção tinha atingido o preço mais elevado da sua história: 87¾. Tendo observado que as acções, ao passarem o Ponto Pivô, sobem rapidamente, e estando confiante que a Bethlehem Steel iria ultrapassar os 100, no dia 8 de Abril eu coloquei a minha primeira ordem de compra e reforcei a minha posição a valores entre 99 e 99¾. No mesmo dia, a acção chegou a cotar a máximos de 117. Com excepção de algumas pequenas retracções, a acção nunca parou a sua progressão ascendente, até dia 13 de Abril (cinco dias mais tarde), quando negociou a um máximo de 155, protagonizando uma subida de cortar a respiração. Uma vez mais, isto ilustra o tipo de recompensas que obtém a pessoa que tem a paciência para esperar pelo Ponto Pivô, dele retirando benefícios.

Mas eu ainda não tinha acabado os meus negócios com a Bethlehem. Repeti a operação no ponto dos 200, no ponto dos 300 e, uma vez mais, no pico estonteante dos 400. Ainda não tinha fechado a minha posição quando a acção quebrou o Ponto Pivô, no sentido descendente, fazendo-me prever que se iria seguir um *bear market*[14]. Aprendi que o mais importante é observar os dias seguintes. Descobri que era fácil inverter a estratégia e fechar uma posição quando a força desaparecia, depois de uma acção se começar a comportar incorrectamente.

A propósito, de cada vez que perdi a paciência e não consegui esperar pelos Pontos Pivô, entretendo-me a obter alguns lucros fáceis antes de tempo, acabei por perder dinheiro.

Desde então, houve vários *splits*[15] de acções que estavam com preços elevados e deste modo, oportunidades

---

[14] Expressão muito usada em contexto de mercados financeiros para designar um mercado com tendência de baixa (N. T.)

[15] Operação de divisão de uma acção, destinada a tornar o preço unitário mais reduzido (N. T.)

como aquelas que acabo de passar em revista não ocorrem actualmente com tanta frequência. Ainda assim, há outras formas para determinar Pontos Pivô. Por exemplo, digamos que uma nova acção foi colocada em bolsa nos últimos dois ou três anos e que o seu preço máximo foi 20, ou qualquer outro valor, e que este preço foi registado há dois ou três anos atrás. Se se registar um acontecimento favorável ligado à empresa, e se a acção começar a subir, comprar no minuto em que a cotação atinge um novo máximo histórico é, normalmente, uma jogada segura.

Uma acção pode ser comprada a 50, 60 ou 70, perder rapidamente cerca de 20 pontos e depois manter-se entre o máximo e o mínimo durante um ou dois anos. Então, se alguma vez cotar abaixo do mínimo anterior, é provável que essa acção venha a sofrer uma queda tremenda. Porquê? Porque alguma coisa deverá ter corrido mal com os negócios da empresa.

Ao manter o registo das cotações das acções, tomando em consideração o elemento tempo, será capaz de encontrar muitos Pontos Pivô, com base nos quais poderá abrir posições para movimentos rápidos. Mas para se habituar a transaccionar com base nestes pontos, é preciso paciência. Precisa de dedicar tempo ao estudo dos registos feitos exclusivamente por si, e à elaboração de notas sobre os preços nos quais serão atingidos Pontos Pivô.

Irá descobrir que o estudo dos Pontos Pivô é mais fascinante do que se poderia esperar, constituindo um terreno fértil para a pesquisa individual. Retirará dos negócios bem sucedidos, feitos com base no seu próprio julgamento, um tipo singular de prazer e satisfação. Descobrirá que os lucros feitos desta maneira são muito mais gratificantes do que quaisquer outros, feitos a partir de dicas ou de orientações de outras pessoas. Se fizer as suas próprias descobertas, transaccionar à sua maneira, exercitar a paciência e estiver atento aos sinais de perigo, desenvolverá uma forma própria de pensar.

COMO INVESTIR NA BOLSA DE VALORES

Nos últimos capítulos deste livro, explicarei em pormenor o meu próprio método para determinar Pontos Pivô mais complexos, em conjunto com o Método de Mercado Livermore[16].

Poucas pessoas conseguem alguma vez fazer dinheiro transaccionando com base em dicas ocasionais ou em recomendações de outros. Muitos pedem informação e depois não sabem como a usar.

Certa noite, num jantar, uma senhora importunou-me longamente, com o objectivo de obter alguns conselhos sobre o mercado. Num momento de fraqueza, disse-lhe para comprar algumas acções da Cerro de Pasco, que nesse dia tinham cruzado um Ponto Pivô. No dia seguinte, logo a partir da abertura, e durante uma semana, a acção subiu 15 pontos, tendo apenas registado pequenas retracções. Então o comportamento da acção ofereceu um forte sinal de perigo. Eu recordei-me das perguntas daquela senhora e apressei-me a dizer a Mrs Livermore que lhe telefonasse, para ela vender. Imaginem a minha surpresa quando descobri que a senhora ainda não tinha comprado as acções, porque primeiro queria ver se a minha informação estava correcta. Assim vai o mundo das dicas sobre acções.

As matérias-primas oferecem, com frequência, Pontos Pivô atractivos. O cacau é transaccionado na New York Cocoa Exchange[17]. Durante a maior parte dos anos, os movimentos desta matéria-prima não proporcionam boas oportunidades de especulação. Ainda assim, ao fazer da especulação um negócio, uma pessoa deve, automaticamente, manter todos os mercados debaixo de olho, procurando boas oportunidades.

---

[16] *Livermore Market Method* no original (N. T.)

[17] Mercado de negociação de futuros do cacau, que existiu em Nova Iorque entre 1925 e 1979, ano em que foi objecto de fusão com o mercado de futuros do café e do açúcar, dando origem à Coffee, Sugar and Cocoa Exchange. Actualmente, a bolsa de futuros de matérias-primas incorpora também o mercado do algodão e pertence à Intercontinental Exchange ou ICE (N. T.)

Durante o ano de 1934, o preço máximo da opção de Dezembro no cacau foi feito em Fevereiro a 6,23; o mínimo foi feito em Outubro a 4,28. Em 1935, o máximo foi feito em Fevereiro a 5,74; o mínimo em Junho a 4,54. Em 1936, o mínimo foi feito em Março a 5,13; mas em Agosto desse ano, por alguma razão, o mercado do cacau tornou-se muito diferente. Surgiu grande actividade. Quando o cacau transaccionou, nesse mês, a um preço de 6,88 estava muito para lá do máximo registado nos dois anos anteriores e acima dos últimos dois Pontos Pivô.

Em Setembro cotou a um máximo de 7,51; em Outubro o máximo foi de 8,70; em Novembro foi de 10,80; em Dezembro de 11,40; e em Janeiro de 1937 fez um novo máximo histórico nos 12,86 registando uma subida de 600 pontos no intervalo de 5 meses, com apenas algumas correcções normais de pequena amplitude.

Claro que havia uma boa razão para esta subida rápida, que quebrava o padrão normal dos anos anteriores. A razão era uma grande escassez na oferta de cacau. Aqueles que observaram com atenção os Pontos Pivô, descobriram uma esplêndida oportunidade no mercado do cacau.

É quando toma nota dos preços no seu livro de registo e observa os padrões de variação que os preços começam a falar consigo. Subitamente, perceberá que a imagem que está a criar começa a tomar uma certa forma, que tenta clarificar a situação que começa a emergir. Essa mesma forma sugere-lhe que reveja os seus registos e encontre o último movimento importante que ocorreu sob o mesmo conjunto de condições. Está a dizer-lhe que, através de uma análise cuidadosa e de um bom julgamento, será capaz de formar uma opinião. O padrão de preços relembra-lhe que todos os movimentos importantes não são mais que uma repetição de padrões de preços que já se verificaram anteriormente e que ao familiarizar-se com os movimentos do passado, conseguirá prever correctamente os movimentos futuros e agir, de modo a deles retirar lucros.

Quero enfatizar o facto de não considerar estes registos perfeitos, excepto na medida em que me são úteis. Sei que existe uma base para prever movimentos futuros e que se alguém estudar estes registos, actualizando-os pelos seus próprios meios, acabará por lucrar com isto nas suas operações.

Não ficarei surpreendido se as pessoas que, no futuro, vierem a seguir o meu método de criação de registos, acabarem por ter mais lucro do que aquele que eu tive. Esta afirmação baseia-se na premissa de que enquanto eu cheguei às minhas conclusões há algum tempo como resultado da análise dos meus registos, aqueles que começarem a aplicar este método podem, muito rapidamente, descobrir novos pontos de valor que me escaparam. Vou até clarificar melhor este aspecto, explicando que não tenho procurado mais pontos, uma vez que a aplicação do método, tal como está, tem servido por completo os meus objectivos pessoais desde há algum tempo. No entanto, quaisquer outras pessoas poderão desenvolver novas ideias a partir deste método básico, as quais, quando aplicadas, poderão ampliar o valor do meu método básico para os seus próprios objectivos.

Se elas conseguirem fazê-lo, poderá o leitor ficar tranquilo, que eu não sentirei inveja do sucesso delas!

Capítulo VI.
O erro de um milhão de dólares

É minha intenção definir nestes capítulos alguns princípios gerais da negociação. Posteriormente haverá uma explicação específica sobre a minha fórmula para combinar o elemento tempo e o preço.

No que respeita aos princípios gerais da negociação, convirá dizer que demasiados especuladores compram e vendem impulsivamente, abrindo a posição quase toda ao mesmo preço. Isto é errado e perigoso.

Suponhamos que quer comprar 500 acções de um determinado título. Comece por comprar 100 acções. Então, se o mercado subir, compre mais 100 acções, e por aí adiante. Mas cada compra terá de ser a um preço mais elevado do que a anterior.

A mesma regra deverá ser aplicada quando se está a vender a descoberto. Nunca faça uma venda adicional, excepto se esta for a um preço inferior ao da venda anterior. Ao seguir esta regra, estará mais perto de se encontrar do lado certo do mercado do que usando qualquer outro método que eu conheço. A razão para este procedimento é que os seus negócios lhe terão mostrado um lucro em todas as ocasiões. O facto de os seus negócios mostrarem um lucro é a prova de que está certo.

De acordo com a minha experiência de negociação, devemos primeiro analisar a situação da acção em causa. A seguir, é importante determinar a que preço deverá entrar no mercado. Estude o seu livro de registo de preços, analise cuidadosamente os movimentos de algumas semanas anteriores. Quando a acção escolhida atingir o ponto previamente definido para dar credibilidade ao movimento, este é o momento para abrir a sua primeira posição.

Tendo aberto essa posição, defina claramente a quantidade de dinheiro que está disposto a arriscar caso os seus cálculos estejam errados. Pode abrir uma ou duas posições com base nesta teoria e perder. Contudo, sendo consistente e nunca falhando a reentrada no mercado sempre que o seu Ponto Pivô é atingido, garante que estará dentro quando o movimento real efectivamente ocorrer. Pura e simplesmente não poderá estar de fora.

Mas é essencial que o *timing* seja cuidadosamente escolhido... A impaciência pode custar muito dinheiro.

Deixe-me contar-lhe como uma vez passei ao lado de um lucro de um milhão de dólares por causa da impaciência e do *timing* descuidado. Quase tenho vergonha de contar isto.

Há muitos anos atrás, fiquei fortemente *bullish* no algodão. Tinha formado uma opinião definida sobre uma grande subida do algodão. Como frequentemente acontece, o mercado ainda não estava pronto para começar a subir. No entanto, mal tinha chegado à minha conclusão, tive de enfiar o nariz no algodão.

A minha posição inicial foi de 20 mil fardos, comprados no mercado. Esta posição subiu 15 pontos num mercado pouco líquido. Então, depois de eu ter comprado os meus últimos 100 fardos, o mercado começou a escorregar e em 24 horas o preço recuou para o nível da minha compra inicial e por aí ficou durante alguns dias. Finalmente, desagradado, vendi, suportando uma perda de aproximadamente 30 mil dólares, incluindo comissões. Naturalmente, os meus últimos 100 fardos foram vendidos ao preço mais baixo da retracção.

Alguns dias mais tarde, o mercado do algodão voltou a parecer-me atractivo. Não conseguia deixar de pensar nele, nem conseguia rever a minha ideia original de que se preparava para um grande movimento. Assim, recomprei os meus 20 mil fardos. A mesma coisa aconteceu. O mercado subiu quando eu abri a minha posição e, depois disso, voltou a descer com um baque. Esperar aborrecia-me, portanto voltei a fechar a minha posição, vendendo novamente o último lote ao preço mais baixo da correcção.

Repeti esta onerosa operação cinco vezes em seis semanas, perdendo de cada vez entre 25 a 30 mil dólares. Fiquei muito aborrecido comigo mesmo. Tinha desperdiçado quase 200 mil dólares sem o mais ténue vislumbre de satisfação. Por isso dei ao meu gestor ordens para retirar o *ticker* do algodão, antes da minha chegada na manhã seguinte. Não queria ser tentado a olhar novamente para o mercado do algodão. Era demasiado deprimente, um estado de espírito que não é propício ao raciocínio claro, tão necessário em todos os momentos no ramo da especulação.

E o que aconteceu? Dois dias depois de eu ter mandado remover o *ticker* e de ter perdido todo o interesse no algodão, o mercado começou a subir e só parou após ter subido 500 pontos. Em toda essa notável subida, registou apenas uma retracção, no valor de 40 pontos.

Deste modo, eu tinha perdido uma das mais atractivas e lucrativas jogadas que alguma vez previra. Isto aconteceu por dois motivos essenciais: primeiro, não tive paciência para esperar pelo momento certo para abrir a minha posição, do ponto de vista psicológico e do preço. Sabia que se o algodão alguma vez cotasse a 12½ cêntimos por libra, estaria a preparar-se para atingir preços muito mais elevados. Mas não, eu não tive força de vontade para esperar. Pensei que tinha de fazer alguns dólares extra em pouco tempo antes de o algodão atingir o ponto de compra e agi antes de o mercado se encontrar no ponto certo. Não só perdi cerca de 200 mil dólares do meu capital, como também deixei de ter um lucro de 1 milhão de dólares. O meu plano original, bem definido na minha mente, implicava a acumulação de 100 mil fardos após a passagem do Ponto Pivô. Se tivesse cumprido esse plano, não teria falhado a oportunidade de obter um lucro de 200 ou mais pontos com esse movimento.

Segundo, permitir-me que se desenvolvessem sentimentos de raiva e aborrecimento relativamente ao mercado do algodão, apenas porque eu tinha feito uma má opção, não foi consistente com um bom procedimento especulativo. A minha perda deveu-se unicamente a falta de paciência para aguardar o momento certo de agir, de acordo com uma opinião pré-calculada e um plano.

Aprendi, desde essa altura, tal como todos deverão aprender, a não arranjar desculpas quando um erro for cometido. Limite-se a admitir que errou e tente obter algum benefício desse facto. Todos sabemos quando estamos errados. O mercado dirá ao especulador que este está errado, quando ele estiver a perder dinheiro. Quando, pela primeira vez, toma consciência do seu erro, esse é o momento para fechar a posição, suportar as suas perdas, tentar manter o sorriso, estudar os registos para determinar a causa do seu erro e esperar pela próxima grande oportunidade. O que lhe deverá interessar é o resultado líquido dos seus investimentos ao fim de um determinado período de tempo.

Com o tempo, a capacidade para perceber que está errado antes mesmo de o mercado lho dizer, torna-se altamente apurada. Funciona como uma dica subconsciente. É um sinal interno baseado no conhecimento de comportamentos passados do mercado. Por vezes, funciona como um agente de antecipação da fórmula de negociação. Vou explicar melhor.

Durante o grande *Bull Market* do final dos anos 1920, houve momentos em que eu detive em carteira quantidades consideráveis de diferentes acções, que mantive durante um longo período de tempo. Ao longo deste intervalo de tempo, nunca senti desconforto sempre que, de tempos a tempos, ocorriam Retracções Naturais.

Mas, mais cedo ou mais tarde, haveria um momento em que, depois de o mercado fechar, eu ficaria inquieto. Nessa noite, eu teria dificuldade em dormir profundamente. Alguma coisa estaria a mexer com a minha consciência, eu acordaria e começaria a pensar no mercado. Na manhã seguinte, quase teria medo de olhar para os jornais. Algo sinistro pareceria iminente. Mas talvez encontrasse tudo tão bem, a ponto de o meu estranho sentimento parecer injustificado. O mercado até poderia abrir em alta. O seu comportamento poderia ser perfeito. Isto poderia ser mesmo no pico do movimento. Quase conseguiria rir perante a recordação da noite mal dormida. Mas eu aprendi a suprimir este tipo de riso.

Porque, no dia seguinte, a história poderia ser completamente diferente. Sem notícias desastrosas, mas com um desses súbitos pontos de inversão do mercado após um movimento prolongado numa dada direcção. Nesse dia, eu estaria genuinamente perturbado. Estaria perante a necessidade de encerrar uma posição de grande dimensão. No dia anterior, teria conseguido liquidar a minha posição inteira a dois pontos do valor máximo. Mas hoje, que diferença tão grande.

Acredito que vários operadores tenham já tido experiências semelhantes com esta curiosa voz interior, que frequentemente nos alerta para sinais de perigo, quando tudo no mercado brilha com esperança. É uma dessas peculiaridades que se desenvolvem após um longo estudo e envolvimento com o mercado.

Sinceramente, desconfio sempre dessa voz interior e normalmente prefiro aplicar a fria fórmula científica. Mas a verdade é que já beneficiei muito pelo facto de, em várias ocasiões, prestar atenção a um sentimento de grande inquietação numa altura em que, aparentemente, navegava em águas calmas.

Esta curiosa luz lateral sobre a negociação é interessante, porque o sentimento da aproximação do perigo parece desenvolver-se apenas entre aqueles que são mais sensíveis ao desenvolvimento do mercado, aqueles cujos pensamentos têm seguido um padrão científico, na tentativa de determinar o movimento dos preços. A maioria das pessoas que especula com base em sentimentos *bullish* ou *bearish* fá-lo simplesmente com base em algo que ouviu ou nalgum comentário publicado.

Tenha em mente que, dos milhões de pessoas que especulam em todos os mercados, apenas algumas dedicam todo o seu tempo à especulação. Para a esmagadora maioria, trata-se apenas de negociar à sorte, com custos elevados. Mesmo entre homens inteligentes, empresários, profissionais e aposentados, esta é uma área à qual dedicam pouca atenção. Muitos deles nem sequer negociariam em acções se, num qualquer momento, não lhes tivesse sido dado um conselho por parte de um corretor ou gestor de clientes.

De vez em quando, alguém começa a transaccionar porque recebeu, de um amigo com lugar-chave numa grande empresa, uma dica com informação privilegiada. Deixe-me que lhe relate um caso hipotético. Encontra-se com o seu amigo executivo ao almoço ou num jantar. Conversam sobre negócios, em geral durante algum tempo. A dada altura, você pergunta sobre Great Shakes Corporation. Bem, o negócio está óptimo. Está a sair de uma fase difícil e as perspectivas futuras são brilhantes. Sim, a acção está interessante neste momento.

"Uma compra muito boa, certamente", dirá ele e talvez com toda a sinceridade. "Os nossos ganhos vão ser excelentes, na verdade melhores que aqueles que registámos durante os anos anteriores. Certamente ainda te lembras, Jim, de quanto a acção valorizou da última vez que teve uma subida."

Você fica a transbordar de entusiasmo e não perde tempo até comprar as acções.

A cada apresentação de resultados, o negócio parece melhor do que no trimestre precedente. São anunciados dividendos extraordinários. A acção sobe sem parar. E você perde-se em agradáveis sonhos envolvendo grandes lucros futuros. Porém, com o correr do tempo, os resultados da empresa começam a derrapar terrivelmente. Você não é informado desse facto. A única coisa que sabe é que o preço da acção começou a descer como um tobogã. Apressa-se a telefonar ao seu amigo "Sim", dirá ele, "a acção teve uma grande quebra. Mas parece ser apenas temporário. O volume de negócios está um pouco em baixo. Tendo tido conhecimento desse facto, os *bears*[18] estão a atacar a acção. Isto são sobretudo vendas a descoberto."

Ele poderá continuar com várias outras platitudes, ocultando a verdadeira razão. Porque ele e os seus associados, sem dúvida alguma, possuem uma grande quantidade de acções e têm estado a vender o máximo e o mais rapidamente que o mercado permite desde que apareceram os primeiros sinais de problemas sérios no seu negócio. Essa campanha de vendas poderia sair prejudicada, caso ele lhe dissesse a verdade, pois isso poderia levá-lo a si, bem como aos amigos comuns, a encerrarem também as vossas posições. Isto quase se transforma num caso de sobrevivência.

Portanto, é fácil de perceber porque é que o seu amigo, o industrial com informação privilegiada, pode facilmente dizer-lhe quando comprar mas não lhe pode dizer quando vender. Isso seria quase como trair os seus associados.

Aconselho a manter sempre consigo um pequeno livro de notas. Use-o para anotar informações de mercado interessantes; pensamentos que talvez venha a considerar

---

[18] Em gíria bolsista, o termo *bears* (ursos) é usado para designar as pessoas que acreditam que uma acção vai cair (N. T.)

úteis no futuro; ideias que poderá reler de tempos a tempos; algumas observações pessoais que possa ter feito sobre movimentos de preços. Na primeira página deste caderno sugiro que escreva – não, é melhor escrevê-lo a tinta, em letra de imprensa:

"Cuidado com as informações privilegiadas...

todas as informações privilegiadas"

Não há maneira de dizer isto vezes suficientes: no que diz respeito à especulação e ao investimento, o sucesso é obtido apenas por aqueles que trabalham para o obter. Ninguém lhe vai dar muito dinheiro fácil de mão beijada. É como a história do vagabundo sem dinheiro. A fome deu-lhe a audácia para entrar num restaurante e pedir "um bife grande, alto e suculento" e acrescentou para o empregado de cor: "diga ao seu patrão para o fazer depressa." Pouco tempo depois, o empregado voltou e lastimou-se: "O patrão diz que se tivesse um bife assim, comia-o ele".

Do mesmo modo, se houvesse algum dinheiro fácil por aí, certamente não encontraria quem lho metesse nos bolsos.

Capítulo VII.
O lucro de três milhões de dólares

No capítulo anterior relatei como, por me ter faltado paciência, falhei uma jogada que me teria rendido um lucro considerável. Agora vou descrever o resultado de uma ocasião em que soube esperar pelo momento psicologicamente acertado.

No Verão de 1924, o Trigo tinha atingido um preço que eu considerava ser um Ponto Pivô, pelo que efectuei uma compra inicial de cinco milhões de bushels[19]. Naquela altura, o mercado do Trigo era extremamente líquido, pelo que a execução de uma ordem daquela dimensão não teve qualquer efeito relevante sobre o preço. Devo explicar que uma ordem semelhante dada sobre um único título seria equivalente à compra de 50 mil acções.

Logo após a execução desta ordem, o mercado estagnou durante alguns dias, mas o preço nunca veio abaixo do Ponto Pivô. Seguidamente, o mercado começou novamente a subir e o preço atingiu um valor alguns cêntimos acima do máximo anterior, valor a partir do qual teve uma Retracção Natural e estagnou durante alguns dias, após o que retomou a subida.

Assim que ultrapassou o Ponto Pivô seguinte, dei uma nova ordem de compra, para mais cinco milhões de bushels. Essa ordem foi executada com um preço médio de 1½ cêntimos acima do Ponto Pivô, algo que claramente me indicava que o mercado estava a ganhar força. Porquê?

---

[19] Unidade de massa utilizada em transacções de cereais – no caso do Trigo corresponde a 27,22 kg aproximadamente (N. T.)

Porque tinha sido muito mais difícil comprar os segundos cinco milhões de bushels do que os primeiros.

No dia seguinte, em vez de ocorrer uma retracção como tinha acontecido após a primeira ordem de compra, o preço avançou 3 cêntimos, que era exactamente o que deveria acontecer se a minha análise do mercado estivesse correcta. A partir daí, desenvolveu-se aquilo que se poderá chamar um verdadeiro *Bull Market*. Com isto quero dizer que tinha começado um vasto movimento, que pelos meus cálculos se deveria prolongar durante vários meses. No entanto, não previ totalmente o potencial da subida que iria acontecer. Então, quando já tinha um lucro de 25 cêntimos por bushel, fechei a posição – reclinei-me e fiquei a ver o mercado a subir mais 20 cêntimos em poucos dias.

Logo ali percebi que tinha feito um grande erro. Porque é que eu tinha tido medo de perder algo que nunca tivera realmente? Tinha estado demasiado ansioso para converter a valorização do activo em dinheiro real, quando deveria ter sido paciente e ter tido a coragem de deixar correr o negócio até ao fim. Sabia que, a seu tempo, quando a tendência ascendente tivesse atingido o seu Ponto Pivô, ter-me-ia sido dado um sinal de perigo com a devida antecedência.

Por conseguinte, decidi reentrar no mercado e voltei a comprar a um preço médio 25 cêntimos mais acima do que aquele a que tinha fechado a minha primeira posição. Ao princípio, apenas tive coragem para abrir uma posição, que representava 50 por cento daquilo que eu tinha originalmente vendido. No entanto, a partir daí mantive a posição até que o sinal de perigo me alertasse.

A 28 de Janeiro de 1925, o Trigo para entrega em Maio cotou ao preço máximo de 2,05⅞ dólares por bushel. No dia 11 de Fevereiro tinha recuado para 1,77½ dólares.

Durante esta subida fenomenal do Trigo, tinha havido uma outra matéria-prima, o Centeio, que tivera uma subida ainda mais espectacular que a do Trigo. Todavia, o mercado do Centeio é muito menos líquido quando comparado com o do Trigo, pelo que a execução de uma ordem de compra significativamente mais pequena teria, decididamente, induzido uma subida rápida.

Durante as operações acima descritas, mantive frequentemente posições consideráveis e outros houve que as tiveram na mesma ordem de grandeza. Dizia-se, acerca de um outro operador, que tinha acumulado uma posição de vários milhões de bushels em futuros, para além de muitos milhões de bushels em Trigo para entrega imediata[20] e que, para reforçar a sua posição no Trigo, tinha também acumulado grandes quantidades de Centeio para entrega imediata. Também se dizia que ele tinha, por vezes, usado o mercado do Centeio, colocando ordens de compra de Centeio quando o Trigo começava a vacilar.

Tal como foi referido, sendo o mercado do Centeio mais pequeno e relativamente menos líquido, a execução de qualquer ordem de compra de dimensão considerável costumava causar de imediato uma rápida subida, com reflexos necessariamente relevantes no preço do Trigo. Sempre que este método era usado, o público apressava-se a comprar Trigo, levando esta matéria-prima a cotar em novos máximos.

Este procedimento foi aplicado com sucesso até ao final do movimento primário. Quando o Trigo corrigiu, o Centeio corrigiu de forma correspondente, recuando do seu máximo registado no dia 28 de Janeiro de 1925, de 1,82¼ dólares para 1,54 – esta correcção teve uma amplitude de 28¼ cêntimos, contra uma correcção de 28⅜ cêntimos no Trigo. No dia 2 de Março, o Trigo para entrega em Maio tinha recuperado para 2,02 – ficando a apenas 3⅞ do seu máximo anterior. Porém, o Centeio não recuperou da sua queda com tanto vigor, tendo apenas conseguido cotar a

---

[20] *Cash Wheat* no original (N. T.)

1,70⅛ – valor que se situava 12⅛ pontos abaixo do seu anterior máximo.

Observando atentamente o mercado, tal como fazia na altura, não pude deixar de ser confrontado com o facto de que algo estava errado, uma vez que, durante todo o grande *Bull Market*, a subida do Centeio tinha, invariavelmente, precedido a subida do Trigo. Desta vez, em lugar de ser um líder das subidas no grupo dos cereais, o Centeio estava a atrasar-se nos seus movimentos. O Trigo tinha já recuperado a maior parte da sua retracção anormal, ao passo que o Centeio falhou essa marca por aproximadamente 12 cêntimos por bushel. Esta situação era completamente nova.

Assim, dispus-me a analisar o problema, com o objectivo de identificar a razão pela qual o Centeio não estava a registar uma recuperação proporcional à do Trigo. A razão depressa se tornou evidente. O público tinha um grande interesse no mercado do Trigo, mas nenhum no do Centeio. Se esse era um mercado de um homem só, então porque é que, subitamente, ele estava a negligenciá-lo? Concluí que, das duas uma: ou ele tinha perdido todo o interesse no Centeio e estava fora do mercado, ou então estava de tal modo investido em ambos os mercados, que já não conseguia abrir novas posições.

Naquele momento, decidi que era indiferente se ele estava dentro ou fora do Centeio, pois no final o resultado seria o mesmo no que diz respeito ao mercado, e portanto resolvi testar a minha teoria.

A última cotação do Centeio tinha sido a 1,69¾ (compra). Estando eu decidido a determinar a verdadeira situação no Centeio, dei uma ordem de venda no valor de 200 mil bushels ao melhor preço. Quando essa ordem foi colocada, o Trigo estava a cotar nos 2,02 dólares. Antes de a ordem ser executada, o Centeio tinha depreciado 3 cêntimos por bushel e dois minutos depois de a ordem ter sido executada, estava de volta aos 1,68¾ dólares.

Através da execução daquela ordem, descobri que não havia muitas ordens no mercado. Porém, não tinha ainda a certeza sobre o que poderia acontecer depois, pelo que dei uma ordem para vender outros 200 mil bushels, com o mesmo resultado – o preço retraiu 3 cêntimos antes de a ordem ser executada, mas depois da execução apenas subiu um cêntimo, em vez dos dois cêntimos registados anteriormente.

Tinha ainda algumas dúvidas sobre a acuidade da minha análise relativamente ao ponto em que se encontrava o mercado. Por isso, coloquei uma terceira ordem para vender 200 mil bushels, com o mesmo resultado – o mercado retraiu novamente, mas desta vez não houve qualquer subida. Continuou a descer ao seu ritmo.

Este era o sinal pelo qual eu esperava. Era minha convicção que, se houvesse alguém com uma grande posição no mercado do Trigo e se essa pessoa, por alguma razão, deixasse de proteger o mercado do Centeio (e a razão em causa não me interessava), também não poderia ou não quereria suportar o mercado do Trigo. Assim, coloquei imediatamente uma ordem para vender cinco milhões de bushels de Trigo para entrega em Maio, ao melhor preço. O preço de venda foi entre 2,01 e 1,99 dólares. Nesse dia, o Trigo fechou a cerca de 1,97 e o Centeio nos 1,65 dólares. Eu estava satisfeito, porque a última parte da minha ordem tinha sido executada abaixo de 2 dólares – este preço era um Ponto Pivô – e, dado que o mercado tinha quebrado esse Ponto Pivô, sentia que a minha posição era segura. Naturalmente, nunca tive quaisquer preocupações com esse negócio.

Alguns dias mais tarde, comprei o Centeio que tinha vendido apenas como operação de teste destinada aferir a posição do Trigo e registei um lucro de 250 mil dólares com essa transacção.

Entretanto, continuei a vender Trigo até ter acumulado uma posição curta no valor de quinze milhões de bushels. No dia 16 de Março, o Trigo para entrega em Maio fechou nos 1,64½ dólares. E, na manhã seguinte, em Liverpool cotava 3 cêntimos abaixo do valor esperado, algo que causaria uma abertura à volta dos 1,61 dólares no nosso mercado.

Então fiz algo que a experiência me ensinara que não devia fazer, nomeadamente dar uma ordem a um preço pré-definido antes de o mercado abrir. Mas a tentação toldou o meu raciocínio e coloquei uma ordem de compra de cinco milhões de bushels a 1,61 dólares, 3½ cêntimos abaixo do fecho do dia anterior. A gama de preços na abertura foi entre 1,61 e 1,54 dólares. Ao ver isso, disse para mim mesmo: "É bem feito, por teres quebrado uma regra, sabendo que não a devias quebrar." Mas, uma vez mais, foi um caso de instinto humano a dominar o raciocínio inato. Eu teria apostado o que quer que fosse em como a minha ordem seria executada ao preço estipulado de 1,61 dólares, que acabou por constituir o limite superior da gama de preços de abertura.

Do mesmo modo, quando vi o preço a 1,54 dólares, dei outra ordem para comprar cinco milhões de bushels. Logo a seguir, recebi uma indicação: "Compra de cinco milhões de bushels de Trigo para entrega em Maio a 1,53 dólares."

De novo dei uma ordem para comprar mais cinco milhões de bushels. Em menos de um minuto, a indicação chegou: "Compra de cinco milhões de bushels a 1,53 dólares," algo que eu naturalmente tomei como sendo o preço a que a terceira ordem tinha sido executada. Então pedi um relatório sobre a minha primeira ordem. Foi-me entregue a seguinte informação:

"O primeiro relatório que recebeu referia-se à sua primeira ordem.

"O segundo relatório era relativo à sua segunda ordem.

"Aqui está o relatório da sua terceira ordem:
"3½ milhões de bushels a 1,53
"1 milhão de bushels a 1,53⅛
"500 mil bushels a 1,53¼"

O preço mínimo daquele dia foi 1,51 dólares e, no dia seguinte, estava novamente a 1,64 dólares. Foi a primeira vez, na minha experiência, que tive uma ordem com limite de preço a ser executada desta maneira. Eu tinha dado uma ordem para comprar cinco milhões de bushels a 1,61 dólares – o mercado abriu ao preço da minha ordem de 1,61 e baixou 7 cêntimos até aos 1,54 dólares, o que representou uma diferença de 350 mil dólares.

Pouco tempo mais tarde, tive oportunidade de estar em Chicago e perguntei à pessoa que tinha sido responsável pela colocação das minhas ordens como é que tinha sido possível que eu tivesse obtido uma execução tão boa para a minha primeira ordem com limite de preço. Ele informou-me que tinha tomado conhecimento que havia no mercado uma ordem de venda ao melhor preço de 35 milhões de bushels. Neste caso, ele percebeu que, independentemente do preço de abertura do mercado, haveria Trigo em quantidade suficiente para ser vendido a um preço mais baixo logo após a abertura. Assim, ele limitou-se a esperar pela abertura e seguidamente colocou a minha ordem ao melhor preço.

Ele afirmou que, se as minhas ordens de compra não tivessem chegado ao *Pit*[21] naquele momento, o mercado teria tido uma tremenda quebra a partir da abertura.

O resultado líquido final destas transacções foi um lucro de mais de três milhões de dólares.

Isto demonstra a importância de haver posições curtas em mercados especulativos, pois aqueles que detêm posições curtas irão transformar-se em ávidos

---

[21] Área específica da sala de negociação, reservada para a transacção de contratos individuais de futuros e opções (N. T.)

compradores, e é esse interesse comprador que actua como estabilizador, tão necessário em momentos de pânico.

Hoje em dia, operações deste tipo não são possíveis, uma vez que a Commodity Exchange Administration[22] limita a dimensão de qualquer posição individual no mercado dos cereais a dois milhões de bushels. Além disso, apesar de não haver qualquer limite sobre a dimensão das posições individuais no mercado accionista, as regras actualmente em vigor para a abertura de posições curtas tornam igualmente impossível para um qualquer operador abrir uma posição curta de dimensão razoável.

Por conseguinte, acredito que os dias do especulador à moda antiga acabaram. O seu lugar será preenchido no futuro pelo semi-investidor, o qual, embora incapaz de fazer rapidamente grandes somas no mercado, será capaz de fazer mais dinheiro ao longo de um determinado período de tempo e conseguirá mantê-lo. Estou firmemente convicto de que o semi-investidor bem sucedido do futuro transaccionará apenas nos momentos psicologicamente certos e que, provavelmente, em cada movimento, seja ele pequeno ou grande, conseguirá obter uma percentagem muito maior do que o operador puramente especulativo alguma vez conseguiu.

---

[22] Entidade reguladora que existiu nos E.U.A. entre 1936 e 1942, após o que foi objecto de fusão com outras entidades (N. T.)

Capítulo VIII.
A chave de mercado Livermore

Dediquei muitos anos da minha vida à especulação, antes de me aperceber que nada de novo acontecia no mercado de acções, que os movimentos de preços se repetiam simplesmente e que, apesar de haver variação nas diferentes acções, os padrões de preços eram, de um modo geral, os mesmos.

Tal como afirmei anteriormente, senti a necessidade de manter um registo de preços que me pudesse servir de guia para os seus movimentos. Dediquei-me a esta actividade com algum afinco e, de seguida, esforcei-me por encontrar um ponto a partir do qual pudesse obter ajuda para prever movimentos futuros. Não foi uma tarefa fácil.

Actualmente consigo olhar para esses esforços iniciais e compreender porque é que eles não foram bem sucedidos de imediato. Tendo na altura uma mente puramente especulativa, o que eu tentava era encontrar uma estratégia que me permitisse entrar e sair continuamente do mercado, apanhando os pequenos movimentos secundários. Isto estava errado e com tempo eu claramente reconheci este facto.

Continuei a manter os meus registos, confiante que eles tinham um valor genuíno, o qual apenas estava à espera que eu o descobrisse. Com o tempo, o segredo revelou-se. Os registos disseram-me, sem margem para dúvidas, que nada fariam por mim no que dizia respeito aos movimentos secundários. Porém, se eu conseguisse usar os meus olhos correctamente, veria a formação de padrões que permitiriam prever os movimentos primários. A partir desse momento decidi descartar todos os movimentos secundários.

Persistindo no estudo apurado dos muitos registos que mantivera, pude compreender que o elemento tempo era vital para a formação de uma opinião correcta sobre a aproximação dos movimentos realmente importantes. Com vigor renovado, concentrei-me neste aspecto. O que eu pretendia descobrir era um método para reconhecer o que formava as pequenas oscilações. Percebi que num mercado com uma tendência definida, há ainda assim numerosas oscilações intermédias. Estas tinham sido, anteriormente, fonte de confusão, mas eu já não me preocupava com elas.

Pretendia descobrir como se formava uma Retracção Natural ou uma Subida Natural. Assim, comecei a verificar as amplitudes dos movimentos de preços. Primeiro, baseei os meus cálculos num único ponto. Não resultou. Então, experimentei com dois pontos, e por aí adiante até, finalmente, chegar ao ponto que eu pensava constituir o início de uma Retracção Natural ou uma Subida Natural.

Para simplificar a imagem, eu criara uma folha especial, dividida em várias colunas e organizada de modo a providenciar aquilo que eu designo como o meu Mapa para Prever Movimentos Futuros. Para cada acção, eu uso seis colunas. Os preços são registados nas colunas conforme vão ocorrendo. Cada coluna tem o seu título.

A Primeira Coluna intitula-se Subida Secundária[23].

A Segunda chama-se Subida Natural[24].

A Terceira chama-se Tendência Ascendente[25].

A Quarta intitula-se Tendência Descendente[26].

A Quinta chama-se Retracção Natural[27].

---

[23] Nos quadros seguintes, corresponde à coluna SECONDARY RALLY (N. T.)
[24] Nos quadros seguintes, corresponde à coluna NATURAL RALLY (N. T.)
[25] Nos quadros seguintes, corresponde à coluna UPWARD TREND (N. T.)
[26] Nos quadros seguintes, corresponde à coluna DOWNWARD TREND (N. T.)
[27] Nos quadros seguintes, corresponde à coluna NATURAL REACTION (N. T.)

A Sexta tem o nome de Retracção Secundária[28].

Quando os números são registados na coluna da Tendência Ascendente, eles são escritos a tinta preta. Nas duas colunas à esquerda, eu escrevo os números a lápis. Quando os números são registados na coluna da Tendência Descendente, são escritos a tinta vermelha, e nas duas colunas à direita os registos são igualmente feitos a lápis.

Deste modo, quando os preços são registados quer na coluna da Tendência Ascendente, quer na da Tendência Descendente, posso visualizar a verdadeira tendência naquele momento. Aqueles números a tinta de cores diferentes falam comigo. A tinta vermelha ou a tinta preta, usadas persistentemente, contam uma história que não nos confunde.

Quando o lápis é mais usado, compreendo que estou simplesmente a anotar oscilações naturais. (No que diz respeito à reprodução dos meus registos, apresentada mais adiante, há que tomar em atenção que os preços escritos a azul-claro são aqueles para os quais uso lápis nas minhas folhas.)[29]

Para admitir a formação de uma Subida Natural ou de uma Reacção Natural, decidi que uma acção que cotasse a 30 dólares ou mais deveria ter uma subida ou uma retracção de aproximadamente seis pontos a partir do seu valor extremo. Esta subida ou retracção não é indicação de que a tendência do mercado se tenha alterado. Indica, simplesmente, que o mercado está a passar por um movimento natural. A tendência é exactamente a mesma que existia antes da ocorrência dessa subida ou retracção.

Devo explicar que eu não tomo o comportamento de uma única acção como indicação de que a tendência do sector respectivo se alterou significativamente. Em vez disso, analiso o comportamento combinado de duas acções

---

[28] Nos quadros seguintes, corresponde à coluna SECONDARY REACTION (N. T.)
[29] Na presente edição, a reprodução dos quadros originais é feita a preto e branco (N. T.)

de qualquer sector, antes de concluir que a tendência se alterou em definitivo, daqui retirando o Preço-Chave. Combinando os preços e os movimentos destas duas acções, chego àquilo a que chamo o Preço-Chave. Por vezes, o movimento de uma acção é suficientemente grande para a colocar na coluna da Tendência Ascendente ou na de Tendência Descendente. Contudo, existe o perigo de sermos apanhados num falso movimento se dependermos de uma única acção. O movimento combinado de duas acções dá-nos alguma segurança. Assim, uma mudança significativa na tendência deverá ser confirmada pelo movimento do Preço-Chave.

Permita-me que ilustre este método do Preço-Chave. Apesar de eu aplicar rigorosamente a estratégia que usa como base um movimento de seis pontos, notará que nos meus registos subsequentes, por vezes anoto um preço da U.S.Steel, mesmo que este tenha tido um movimento de, apenas, $5\frac{1}{8}$ pontos; isto acontece quando existe um movimento correspondente na Bethlehem Steel de, digamos, 7 pontos. Em conjunto, o movimento de preços destas duas acções constitui o Preço-Chave. Por isso, este Preço-Chave totaliza 12 pontos ou mais, ou seja, a amplitude mínima necessária.

Quando é atingido um ponto relevante – i.e. um movimento de 6 pontos, em média, para cada uma das duas acções – continuo a registar na mesma coluna o máximo feito em cada dia, sempre que este é superior ao último preço registado na coluna da Tendência Ascendente ou se é inferior ao último preço registado na coluna da Tendência Descendente. Isto continua até se iniciar um movimento de inversão. Este movimento na direcção contrária será, naturalmente, baseado na mesma média de seis pontos, ou doze pontos no caso de se tratar de um Preço-Chave.

Irá reparar que, a partir desse momento, nunca me desvio desses pontos. Não abro excepções. Nem arranjo desculpas se os resultados não são exactamente como eu previra. Lembre-se: estes preços que eu anoto nos meus registos não são os meus preços. Estes pontos foram determinados com base em preços reais de mercado, registados na negociação diária.

Seria arrogante da minha parte dizer que encontrei o ponto exacto a partir do qual o meu registo de preços devia começar. Seria igualmente enganador e pouco sincero. Posso apenas dizer que, após anos de verificação e observação, sinto ter chegado perto de um ponto que pode ser usado como uma base para manter os registos. A partir destes registos, podemos visualizar um mapa útil para determinar a aproximação de importantes movimentos de preços.

Alguém disse que o sucesso é conquistado na hora da decisão.

Não há dúvida que, para ter sucesso com este plano, há que ter coragem para agir, e agir prontamente quando os seus registos lhe dizem para o fazer. Não há lugar para hesitações. Tem de treinar a sua mente para agir desta forma. Se decidir esperar que apareça alguém para lhe dar explicações, justificações ou garantias, o momento de agir acabará por lhe escapar.

Vou dar um exemplo: após a rápida subida que todas as acções registaram a seguir à declaração de guerra na Europa, ocorreu uma Retracção Natural em todo o mercado. Então, todas as acções dos quatro sectores proeminentes recuperaram dessa retracção e todas cotaram a novos máximos – com excepção das acções do sector do Aço. Qualquer pessoa que mantivesse os registos de acordo com o meu método teria, inevitavelmente, reparado no comportamento das acções do Aço. Certamente terá havido uma boa razão pela qual as acções do Aço se recusaram a continuar a subida ao mesmo tempo que os restantes sectores. E havia uma boa razão! Mas, naquela altura, eu não a conhecia e duvido muito que qualquer pessoa pudesse ter dado uma explicação válida para aquele comportamento. No entanto, qualquer pessoa que registasse os preços teria percebido, pelo comportamento das acções do Aço, que o movimento ascendente no sector tinha terminado. Foi apenas quatro meses mais tarde, em meados de Janeiro de 1940, que o público tomou conhecimento dos factos que explicavam o comportamento das acções do Aço. Foi noticiado que durante aquele tempo o Governo Inglês se tinha desfeito de mais de 100 mil acções da U.S.Steel e que, para além disso, o Canadá tinha vendido 20 mil acções. Quando este facto se tornou público, o preço da U.S.Steel estava 26 pontos abaixo do máximo atingido em Setembro de 1939 e a Bethlehem Steel estava 29 pontos abaixo, enquanto os preços dos outros três sectores proeminentes tinham caído apenas 2½ a 12¾ pontos face aos máximos registados na mesma altura em que os Aços tinham feito os seus máximos. Este incidente prova a loucura de tentar encontrar "uma boa razão" para comprar ou vender uma dada acção. Se esperar até obter uma razão, terá perdido a oportunidade de agir no momento apropriado! O comportamento do mercado é a única razão que deverá interessar ao investidor ou especulador. Sempre que o mercado não agir correctamente ou conforme esperado – isto deverá ser razão suficiente para mudar a sua opinião e alterar de imediato a sua posição. Lembre-se: há sempre uma razão para uma acção se comportar de uma determinada forma. Mas lembre-se igualmente: é mais provável que apenas venha a conhecer essa razão num momento futuro, quando for já muito tarde para dela poder retirar qualquer lucro.

Repito que a fórmula não fornece pontos através dos quais seja possível realizar, com segurança, negócios adicionais nas oscilações intermédias que ocorrem durante um movimento primário. A intenção é a de apanhar os movimentos primários, indicando o início e o final de movimentos importantes. E, para esse propósito, descobrirá que a fórmula tem um valor singular, se for correctamente aplicada. Deverá, talvez, ser recordado que esta fórmula foi concebida para acções líquidas, a cotar acima de 30, aproximadamente. Apesar de os mesmos princípios básicos serem, certamente, passíveis de aplicação para prever o comportamento de qualquer acção no mercado, será necessário realizar alguns ajustamentos na fórmula, de modo a acomodar acções com muito baixo preço.

Isto nada tem de complicado. As várias fases serão rapidamente interiorizadas e facilmente compreendidas por aqueles que estão interessados.

No próximo capítulo é disponibilizada uma reprodução exacta dos meus registos, com uma explicação completa dos números que neles inseri.

Capítulo IX.
Regras Explicativas

1. Registe os preços na coluna Tendência Ascendente, usando tinta preta.

2. Registe os preços na coluna Tendência Descendente, usando tinta vermelha.

3. Registe os preços nas outras quatro colunas, a lápis.

4.(a) Desenhe linhas vermelhas sob o último preço que registou na coluna Tendência Ascendente, no primeiro dia em que começar a registar números na coluna da Retracção Natural. Comece a fazer isto no primeiro dia de uma retracção de aproximadamente seis pontos, face ao último preço registado na coluna da Tendência Ascendente.

(b) Desenhe linhas vermelhas sob o último preço que registou na coluna da Retracção Natural, no primeiro dia em que começar a registar números na coluna da Subida Natural ou na coluna da Tendência Ascendente. Comece a fazer isto na primeira subida de aproximadamente seis pontos, face ao último preço registado na coluna da Retracção Natural.

Tem agora dois Pontos Pivô para monitorizar; com base na forma como os preços são registados quando o mercado voltar a cotar perto de um destes pontos, será capaz de formar uma opinião sobre se a tendência será realmente retomada ou se o movimento terminou.

(c)   Desenhe linhas pretas sob o último preço que registou na coluna Tendência Descendente, no primeiro dia em que começar a registar números na coluna da Subida Natural. Comece a fazer isto no primeiro dia de uma subida de aproximadamente seis pontos, face ao último preço registado na coluna da Tendência Descendente.

(d)   Desenhe linhas pretas sob o último preço que registou na coluna da Subida Natural, no primeiro dia em que começar a registar números na coluna da Retracção Natural ou na coluna da Tendência Descendente. Comece a fazer isto na primeira retracção de aproximadamente seis pontos, face ao último preço registado na coluna da Subida Natural.

5.(a) Quando estiver a registar valores na coluna da Subida Natural e ocorrer um preço que esteja três ou mais pontos acima do último valor registado na coluna da Subida Natural (sublinhado com linhas pretas), então esse preço deverá ser registado a tinta preta na coluna da Tendência Ascendente.

(b)   Quando estiver a registar valores na coluna da Retracção Natural e ocorrer um preço que esteja três ou mais pontos abaixo do último valor registado na coluna da Retracção Natural (sublinhado com linhas vermelhas), então esse preço deverá ser registado a tinta vermelha na coluna da Tendência Descendente.

6.(a) Quando ocorrer uma retracção com uma amplitude de, aproximadamente, seis pontos depois de ter estado a registar preços na coluna da Tendência Ascendente, deverá começar a registar esses preços na coluna da Retracção Natural, continuando a fazê-lo todos os dias enquanto a acção cotar a um preço mais baixo do que o último preço registado na coluna da Retracção Natural.

(b) Quando ocorrer uma retracção com uma amplitude de, aproximadamente, seis pontos depois de ter estado a registar preços na coluna da Subida Natural, deverá começar a registar esses preços na coluna da Retracção Natural, continuando a fazê-lo todos os dias enquanto a acção cotar a um preço mais baixo do que o último preço registado na coluna da Retracção Natural. No caso de um preço ser mais baixo que o último valor registado na coluna da Tendência Descendente, deverá então inserir esse preço nesta última coluna.

(c) Quando ocorrer uma subida com uma amplitude de, aproximadamente, seis pontos depois de ter estado a registar preços na coluna da Tendência Descendente, deverá começar a registar esses preços na coluna da Subida Natural, continuando a fazê-lo todos os dias enquanto a acção cotar a um preço mais elevado do que o último preço registado na coluna da Subida Natural.

(d) Quando ocorrer uma subida com uma amplitude de, aproximadamente, seis pontos depois de ter estado a registar preços na coluna da Retracção Natural, deverá começar a registar esses preços na coluna da Subida Natural, continuando a fazê-lo todos os dias enquanto a acção cotar a um preço mais elevado do que o último preço registado na coluna da Subida Natural. No caso de um preço ser mais elevado que o último valor registado na coluna da Tendência Ascendente, deverá então inserir esse preço nesta última coluna.

(e) Quando estiver a registar valores na coluna da Retracção Natural e ocorrer um preço inferior ao último valor registado na coluna da Tendência Descendente – então esse preço deverá ser registado a tinta vermelha na coluna da Tendência Descendente.

(f) A mesma regra se aplica quando estiver a registar valores na coluna da Subida Natural e ocorrer um preço superior ao último valor registado na coluna da Tendência Ascendente – então deve parar de fazer registos na coluna da Subida Natural e registar esse preço a tinta preta na coluna da Tendência Ascendente.

(g) Caso esteja a registar valores na coluna da Retracção Natural e ocorra uma subida de aproximadamente seis pontos face ao último valor registado na coluna da Retracção Natural – mas com um valor que não exceda o último preço registado na coluna da Subida Natural – esse preço deverá ser registado na coluna da Subida Secundária, devendo manter este procedimento até ocorrer um preço que supere o último valor registado na coluna da Subida Natural. Quando isto acontecer, deverá novamente começar a registar os preços na coluna da Subida Natural.

(h) Caso esteja a registar valores na coluna da Subida Natural e ocorra uma retracção de aproximadamente seis pontos, mas com um valor que não seja inferior ao último preço registado na coluna da Retracção Natural – esse preço deverá ser registado na coluna da Retracção Secundária, devendo continuar a registar os valores nesta coluna até ocorrer um preço que seja inferior ao último valor registado na coluna da Retracção Natural. Quando isto acontecer, deverá novamente começar a registar os preços na coluna da Retracção Natural.

7. A mesma regra se aplica quando estiver a registar o Preço-Chave, com a diferença que deverá usar doze pontos como base, em lugar dos seis pontos usados para as acções individuais.

8. O último preço registado nas colunas da Tendência Descendente ou da Tendência Ascendente transforma-se num Ponto Pivô, assim que começarem a ser registados valores nas colunas da Subida Natural ou da Retracção Natural, respectivamente. Após o fim de uma subida ou de uma retracção, comece a registar novamente na coluna oposta, e o preço extremo registado na coluna anterior passa então a ser outro Ponto Pivô.

É após a obtenção de dois Pontos Pivô que estes registos passam a ser de grande utilidade para o ajudar a prever correctamente o próximo movimento importante. Estes Pontos Pivô são salientados através de uma linha dupla desenhada por baixo deles, a tinta vermelha ou preta. Estas linhas são desenhadas com o expresso propósito de chamar a sua atenção para estes pontos, devendo ser cuidadosamente monitorizadas sempre que os preços registados se aproximarem de um desses pontos. A sua decisão de agir irá depender da forma como os preços forem registados a partir desse momento.

9.(a) Quando vir linhas pretas desenhadas por baixo do último registo a tinta vermelha na coluna da Tendência Descendente – poderá obter um sinal de compra perto desse ponto.

(b)   Quando são desenhadas linhas pretas por baixo de um preço na coluna da Subida Natural e a acção, na subida seguinte, atinge um valor perto do Ponto Pivô, este é o momento em que irá descobrir se o mercado tem força suficiente para mudar o seu rumo para a coluna da Tendência Ascendente.

(c)   O oposto também é verdadeiro quando vir linhas vermelhas desenhadas por baixo do último preço registado na coluna da Tendência Ascendente e quando linhas vermelhas forem desenhadas por baixo do último preço registado na coluna da Retracção Natural.

10.(a) Todo este método está concebido para permitir ver claramente se uma acção está a agir como esperado, após a ocorrência de uma primeira Subida Natural ou Retracção Natural. Se o movimento estiver para ser efectivamente retomado, seja para cima ou para baixo, deverá cruzar o Ponto Pivô anterior – por três pontos no caso de acções individuais, ou por seis pontos no caso do Preço-Chave.

(b)   Se a acção não conseguir fazer isto – e numa retracção cotar três ou mais pontos abaixo do último Ponto Pivô (registado na coluna da Tendência Ascendente com linhas vermelhas desenhadas por baixo), isto indicará que a Tendência Ascendente da acção chegou ao fim.

(c)   Aplicação desta regra à Tendência Descendente: sempre que, depois do final de uma Subida Natural, estejam a ser registados novos preços na coluna da Tendência Descendente, estes novos preços deverão cotar três ou mais pontos abaixo do último Ponto Pivô (com linhas pretas por baixo), se a Tendência

Descendente estiver para ser efectivamente retomada.

(d) Se a acção não conseguir fazer isto, e numa subida cotar três ou mais pontos acima do último Ponto Pivô (registado na coluna da Tendência Descendente com linhas pretas desenhadas por baixo), isto indicará que a Tendência Descendente da acção chegou ao fim.

(e) Quando estiver a registar valores na coluna da Subida Natural, se a subida terminar a pequena distância abaixo do último Ponto Pivô registado na coluna da Tendência Ascendente (com linhas vermelhas por baixo), e a acção corrigir três ou mais pontos face a esse preço, isto constitui um sinal de perigo, indicativo de que a Tendência Ascendente daquela acção chegou ao fim.

(f) Quando estiver a registar valores na coluna da Retracção Natural, se a retracção terminar a pequena distância acima do último Ponto Pivô registado na coluna da Tendência Descendente (com linhas pretas por baixo), e a acção subir três ou mais pontos face a esse preço, isto constitui um sinal de perigo, indicativo de que a Tendência Descendente daquela acção chegou ao fim.

Em Abril, os preços começaram a ser registados na coluna da Subida Natural. Ver Regra Explicativa 6-B. Desenhar linha preta sob o último preço da coluna da Tendência Descendente. Ver Regra Explicativa 4-C.

No dia 28 de Abril, os preços começaram a ser registados na coluna da Retracção Natural. Ver Regra Explicativa 4-D.

TABELA UM[30]

	SECONDARY RALLY	NATURAL RALLY	UPWARD TREND	DOWNWARD TREND	NATURAL REACTION	SECONDARY REACTION	SECONDARY RALLY	NATURAL RALLY	UPWARD TREND	DOWNWARD TREND	NATURAL REACTION	SECONDARY REACTION	SECONDARY RALLY	NATURAL RALLY	UPWARD TREND	DOWNWARD TREND	NATURAL REACTION	SECONDARY REACTION
		65¾							57						122¾			
				48½							43¼					91¾		
		62⅛							65⅞						128			
				48¼							50⅛						98⅜	
1938								56⅞										
DATE			U. S. STEEL						BETHLEHEM STEEL						KEY PRICE			
MAR 23				49								50¼					97¼	
24																		
25				44¾						46¾						91½		
SAT 26				44						46						90		
28				43⅝												89⅝		
29				39⅞						43						82⅜		
30				39						42⅛						81⅛		
31				38						40						78		
APR 1																		
SAT 2		43½						46⅜						89⅞				
4																		
5																		
6																		
7																		
8																		
SAT 9		46½						49¾						96¼				
11																		
12																		
13		47¼												97				
14		47½												97¼				
SAT 16		49						52						101				
18																		
19																		
20																		
21																		
22																		
SAT 23																		
25																		
26																		
27																		
28					43													
29					42⅞						45						87⅞	
SAT 30																		
MAY 2					41½						44¼						85¾	
3																		
4																		

[30] As dezasseis tabelas que se seguem constituem reproduções a preto e branco dos originais elaborados por Jesse Livermore (N. T.)

Todos estes preços foram transportados da página anterior, de modo a manter os Pontos Pivô sempre à sua frente.

Durante o período de 5 a 21 de Maio, inclusive, não foram registados quaisquer valores porque não houve preços abaixo do último valor registado na coluna da Retracção Natural. Também não houve uma subida suficientemente ampla para ser registada.

No dia 27 de Maio, o preço da Bethlehem Steel foi registado a vermelho, porque era um valor inferior ao anteriormente registado na coluna da Tendência Descendente. Ver Regra Explicativa 6-C.

No dia 2 de Junho, a Bethlehem Steel deu sinal de compra nos 43. Ver Regras Explicativas 10-C e D. No mesmo dia, a U.S.Steel deu sinal de compra a 42¼. Ver Regra Explicativa 10-F.

No dia 10 de Junho foi registado um preço na coluna da Subida Secundária da Bethlehem Steel. Ver Regra Explicativa 6-E.

TABELA DOIS

	SECONDARY RALLY	NATURAL RALLY	UPWARD TREND	DOWNWARD TREND	NATURAL REACTION	SECONDARY REACTION	SECONDARY RALLY	NATURAL RALLY	UPWARD TREND	DOWNWARD TREND	NATURAL REACTION	SECONDARY REACTION	SECONDARY RALLY	NATURAL RALLY	UPWARD TREND	DOWNWARD TREND	NATURAL REACTION	SECONDARY REACTION
				38						40						78		
		49						52						101				
1938					41 1/2						44 1/4						85 3/4	
DATE			U. S. STEEL						BETHLEHEM STEEL						KEY PRICE			
MAY 5																		
6																		
SAT 7																		
9																		
10																		
11																		
12																		
13																		
SAT 14																		
16																		
17																		
18																		
19																		
20																		
SAT 21																		
23											44 1/8						85 5/8	
24											43 1/2						85	
25					41 3/8						42 1/2						83 7/8	
26					40 1/8						40 1/2						80 5/8	
27					39 3/4					39 3/4							79 1/2	
SAT 28																		
31					39 1/4												79	
JUNE 1																		
2																		
3																		
SAT 4																		
6																		
7																		
8																		
9																		
10							46 1/2											
SAT 11																		
13																		
14																		
15																		
16																		

No dia 20 de Junho, o preço da U.S.Steel foi registado na coluna da Subida Secundária. Ver Regra Explicativa 6-G.

No dia 24 de Junho, os preços da U.S.Steel e da Bethlehem Steel foram registados a tinta preta na coluna da Tendência Ascendente. Ver Regra Explicativa 5-A.

No dia 11 de Julho, os preços da U.S.Steel e da Bethlehem Steel foram registados na coluna da Retracção Natural. Ver Regras Explicativas 6-A e 4-A.

No dia 19 de Julho, os preços da U.S.Steel e da Bethlehem Steel foram registados a preto na coluna da Tendência Ascendente, porque esses preços foram superiores aos últimos valores registados nessas colunas. Ver Regra Explicativa 4-B.

TABELA TRÊS

	SECONDARY RALLY	NATURAL RALLY	UPWARD TREND	DOWNWARD TREND	NATURAL REACTION	SECONDARY REACTION	SECONDARY RALLY	NATURAL RALLY	UPWARD TREND	DOWNWARD TREND	NATURAL REACTION	SECONDARY REACTION	SECONDARY RALLY	NATURAL RALLY	UPWARD TREND	DOWNWARD TREND	NATURAL REACTION	SECONDARY REACTION
				38						40						78		
		49						52						101				
				$39\frac{1}{4}$						$39\frac{3}{4}$							79	
1938								$46\frac{1}{2}$										
DATE		U. S. STEEL						BETHLEHEM STEEL						KEY PRICE				
JUNE 17																		
SAT 18																		
20	$45\frac{5}{8}$							$48\frac{1}{4}$					$93\frac{7}{8}$					
21	$46\frac{7}{8}$							$49\frac{1}{8}$					$96\frac{1}{8}$					
22	$48\frac{1}{2}$							$50\frac{1}{8}$					$99\frac{3}{8}$					
23		$51\frac{1}{4}$						$53\frac{1}{4}$						$104\frac{1}{2}$				
24		$53\frac{3}{4}$						$55\frac{1}{2}$						$108\frac{7}{8}$				
SAT 25		$54\frac{7}{8}$						$58\frac{5}{8}$						113				
27																		
28																		
29		$56\frac{7}{8}$						$60\frac{5}{8}$						117				
30		$58\frac{3}{8}$						$61\frac{5}{8}$						120				
JULY 1		$59\frac{3}{8}$												$120\frac{5}{8}$				
SAT 2		$60\frac{1}{8}$						$62\frac{1}{2}$						$123\frac{5}{8}$				
5																		
6																		
7		$61\frac{3}{4}$												$124\frac{1}{2}$				
8																		
SAT 9																		
11				$55\frac{3}{4}$						$56\frac{3}{4}$						$112\frac{5}{8}$		
12				$55\frac{5}{8}$												$112\frac{3}{8}$		
13																		
14																		
15																		
SAT 16																		
18																		
19		$62\frac{7}{8}$						$63\frac{1}{8}$						$125\frac{1}{2}$				
20																		
21																		
22																		
SAT 23																		
25		$63\frac{1}{4}$												$126\frac{3}{8}$				
26																		
27																		
28																		
29																		

No dia 12 de Agosto, o preço da U.S.Steel foi registado na coluna da Retracção Secundária, porque o valor não era mais baixo que o último preço registado na coluna da Retracção Natural. No mesmo dia, o preço da Bethlehem Steel foi registado na coluna da Retracção Natural, porque esse valor era inferior ao do último preço anteriormente registado na coluna da Retracção Natural.

No dia 24 de Agosto os preços da U.S.Steel e da Bethlehem Steel foram registados na coluna da Subida Natural. Ver Regra Explicativa 6-D.

No dia 29 de Agosto, os preços da U.S.Steel e da Bethlehem Steel foram registados na coluna da Retracção Secundária. Ver Regra Explicativa 6-H.

TABELA QUATRO

DATE	SECONDARY RALLY	NATURAL RALLY	UPWARD TREND	DOWNWARD TREND	NATURAL REACTION	SECONDARY REACTION	SECONDARY RALLY	NATURAL RALLY	UPWARD TREND	DOWNWARD TREND	NATURAL REACTION	SECONDARY REACTION	SECONDARY RALLY	NATURAL RALLY	UPWARD TREND	DOWNWARD TREND	NATURAL REACTION	SECONDARY REACTION
			61 3/4		55 1/2				62 2		54 3/4				124 1/4		112 3/4	
			63 1/4						63 8						126 3/8			
1938 DATE		U. S. STEEL						BETHLEHEM STEEL						KEY PRICE				
SAT JULY 30																		
AUG 1																		
2																		
3																		
4																		
5																		
SAT 6																		
8																		
9																		
10																		
11																		
12					56 5/8						54 5/8						111 1/2	
SAT 13					56 2						54 3						111 3	
15																		
16																		
17																		
18																		
19																		
SAT 20																		
22																		
23																		
24		61 3/8						61 7/8						123				
25																		
26		61 1/2						61 1/2						123 3/8				
SAT 27																		
29					56 3/8						55							
30																		
31																		
SEPT 1																		
2																		
SAT 3																		
6																		
7																		
8																		
9																		
SAT 10																		

No dia 14 de Setembro, o preço da U.S.Steel foi registado na coluna da Tendência Descendente. Ver Regra Explicativa 5-B. No mesmo dia, o preço da Bethlehem Steel foi registado na coluna da Retracção Natural. Esse preço foi registado na coluna da Retracção Natural, porque não atingiu um valor três pontos abaixo do preço anterior com linhas vermelhas.

No dia 20 de Setembro, os preços da U.S.Steel e da Bethlehem Steel foram registados na coluna da Subida Natural. Ver Regra Explicativa 6-C para U.S.Steel e 6-D para Bethlehem Steel.

No dia 24 de Setembro, o preço da U.S.Steel foi registado a tinta vermelha na coluna da Tendência Descendente, sendo este um novo preço nessa coluna.

No dia 29 de Setembro, os preços da U.S.Steel e da Bethlehem Steel foram registados na coluna da Subida Secundária. Ver Regra Explicativa 6-G.

No dia 5 de Outubro, o preço da U.S.Steel foi registado a tinta preta na coluna da Tendência Ascendente. Ver Regra Explicativa 5-A.

No dia 8 de Outubro, o preço da Bethlehem Steel foi registado a tinta preta na coluna da Tendência Ascendente. Ver Regra Explicativa 6-D.

TABELA CINCO

	SECONDARY RALLY	NATURAL RALLY	UPWARD TREND	DOWNWARD TREND	NATURAL REACTION	SECONDARY REACTION	SECONDARY RALLY	NATURAL RALLY	UPWARD TREND	DOWNWARD TREND	NATURAL REACTION	SECONDARY REACTION	SECONDARY RALLY	NATURAL RALLY	UPWARD TREND	DOWNWARD TREND	NATURAL REACTION	SECONDARY REACTION
			63 1/4						63 1/8						126 3/8			
					55 1/2						54 3/8						111 1/4	
		61 7/8						61 1/2						125 3/8				
1938						56 1/8						55						
DATE			U. S. STEEL						BETHLEHEM STEEL						KEY PRICE			
SEPT 12																		
13					54 1/4						53 5/8						107 7/8	
14				52							52 1/2					104 1/2		
15																		
16																		
SAT 17																		
19																		
20		57 7/8						58 1/4										
21		58												116 1/4				
22																		
23																		
SAT 24				51 7/8							52					103 7/8		
26				51 1/8							51 1/4					102 3/8		
27																		
28				50 7/8							51					101 7/8		
29	57 1/8						57 3/4						114 7/8					
30		59 1/4						59 1/2						118 3/4				
SAT OCT 1		60 1/4						60						120 1/4				
3		60 3/8						60 3/8						120 3/4				
4																		
5			62					62							124			
6			63					63							126			
7																		
SAT 8			64 1/4						64						128 1/4			
10																		
11																		
13			65 3/8						65 1/8						130 1/2			
14																		
SAT 15																		
17																		
18																		
19																		
20																		
21																		
SAT 22			65 7/8						67 1/2						133 3/8			
24			66												133 1/2			

No dia 18 de Novembro, os preços da U.S.Steel e da Bethlehem Steel foram registados na coluna da Retracção Natural. Ver Regra Explicativa 6-A.

TABELA SEIS

		SECONDARY RALLY	NATURAL RALLY	UPWARD TREND	DOWNWARD TREND	NATURAL REACTION	SECONDARY REACTION	SECONDARY RALLY	NATURAL RALLY	UPWARD TREND	DOWNWARD TREND	NATURAL REACTION	SECONDARY REACTION	SECONDARY RALLY	NATURAL RALLY	UPWARD TREND	DOWNWARD TREND	NATURAL REACTION	SECONDARY REACTION
1938 DATE		66 U. S. STEEL						$67\frac{1}{2}$ BETHLEHEM STEEL						$133\frac{1}{2}$ KEY PRICE					
OCT 25		$66\frac{1}{8}$						$67\frac{7}{8}$						134					
26																			
27		$66\frac{1}{2}$						$68\frac{3}{8}$						$135\frac{5}{8}$					
28																			
SAT 29																			
31																			
NOV.1								69						$135\frac{1}{2}$					
2								$69\frac{1}{2}$						136					
3																			
4																			
SAT 5																			
7		$66\frac{3}{4}$						$71\frac{7}{8}$						$138\frac{5}{8}$					
9		$69\frac{1}{2}$						$75\frac{1}{8}$						$144\frac{1}{8}$					
10		70						$75\frac{1}{2}$						$145\frac{3}{8}$					
SAT 12		$71\frac{1}{4}$						$77\frac{5}{8}$						$148\frac{7}{8}$					
14																			
15																			
16																			
17																			
18					$65\frac{1}{4}$						$71\frac{1}{8}$						137	
SAT 19																			
21																			
22																			
23																			
25																			
SAT 26					$63\frac{1}{4}$						$71\frac{1}{2}$						$134\frac{1}{2}$	
28					61						$68\frac{3}{4}$						$133\frac{1}{2}$	
29																			
30																			
DEC 1																			
2																			
SAT 3																			
5																			
6																			
7																			
8																			

No dia 14 de Dezembro, os preços da U.S.Steel e da Bethlehem Steel foram registados na coluna da Subida Natural. Ver Regra Explicativa 6-D.

No dia 28 de Dezembro, o preço da Bethlehem Steel foi registado a tinta preta na coluna da Tendência Ascendente, por ser um preço mais elevado que o último valor anteriormente registado nessa coluna.

No dia 4 de Janeiro, a nova tendência do mercado estava a ser indicada de acordo com o método Livermore. Ver Regras Explicativas 10-A e B.

No dia 12 de Janeiro, os preços da U.S.Steel e da Bethlehem Steel foram registados na coluna da Retracção Secundária. Ver Regra Explicativa 6-H.

TABELA SETE

	SECONDARY RALLY	NATURAL RALLY	UPWARD TREND	DOWNWARD TREND	NATURAL REACTION	SECONDARY REACTION	SECONDARY RALLY	NATURAL RALLY	UPWARD TREND	DOWNWARD TREND	NATURAL REACTION	SECONDARY REACTION	SECONDARY RALLY	NATURAL RALLY	UPWARD TREND	DOWNWARD TREND	NATURAL REACTION	SECONDARY REACTION
			71 1/4						77 5/8						148 7/8			
					61						63 3/4						129 3/4	
1938																		
DATE			U. S. STEEL						BETHLEHEM STEEL						KEY PRICE			
DEC. 9																		
SAT 10																		
12																		
13																		
14		66 7/8						75 1/4						141 1/8				
15		67 1/8						76 3/8						143 1/2				
16																		
SAT 17																		
19																		
20																		
21																		
22																		
23																		
SAT 24																		
27																		
28		67 3/4							78					145 3/4				
29																		
30																		
SAT 31																		
1939 JAN 3																		
4		70							80						150			
5																		
6																		
SAT 7																		
9																		
10																		
11												73 3/4						
12						62 5/8						71 1/2						134 1/8
13																		
SAT 14																		
16																		
17																		
18																		
19																		
20																		
SAT 21						62						69 1/2						131 1/2

No dia 23 de Janeiro, os preços da U.S.Steel e da Bethlehem Steel foram registados na coluna da Tendência Descendente. Ver Regra Explicativa 5-B.

No dia 31 de Janeiro, os preços da U.S.Steel e da Bethlehem Steel foram registados na coluna da Subida Natural. Ver Regras Explicativas 6-C e 4-C.

TABELA OITO

	SECONDARY RALLY	NATURAL RALLY	UPWARD TREND	DOWNWARD TREND	NATURAL REACTION	SECONDARY REACTION	SECONDARY RALLY	NATURAL RALLY	UPWARD TREND	DOWNWARD TREND	NATURAL REACTION	SECONDARY REACTION	SECONDARY RALLY	NATURAL RALLY	UPWARD TREND	DOWNWARD TREND	NATURAL REACTION	SECONDARY REACTION
			$71\frac{1}{4}$						$77\frac{5}{8}$						$148\frac{1}{2}$			
		70		71				80		$82\frac{3}{4}$				150			$129\frac{1}{2}$	
1939 DATE			U. S. STEEL		$62\frac{1}{2}$			BETHLEHEM STEEL			$69\frac{1}{2}$				KEY PRICE			$131\frac{1}{2}$
JAN 23				$57\frac{3}{8}$						$63\frac{3}{4}$						$121\frac{5}{8}$		
24				$56\frac{1}{2}$						$63\frac{1}{4}$						$119\frac{3}{4}$		
25				$55\frac{5}{8}$						63						$118\frac{5}{8}$		
26				$55\frac{3}{4}$						$60\frac{1}{4}$						$117\frac{1}{2}$		
27																		
SAT 28																		
30																		
31	$59\frac{1}{2}$						$68\frac{1}{2}$						128					
FEB 1													$128\frac{1}{2}$					
2	60																	
3													$129\frac{5}{8}$					
SAT 4	$60\frac{5}{8}$						69						$130\frac{1}{4}$					
							$69\frac{3}{8}$											
6																		
7																		
8																		
9																		
10																		
SAT 11																		
14																		
15																		
16							$70\frac{3}{4}$						$131\frac{5}{8}$					
17	$61\frac{1}{8}$						$71\frac{1}{4}$						$132\frac{3}{8}$					
SAT 18	$61\frac{1}{4}$												$132\frac{1}{2}$					
20																		
21																		
23																		
24	$63\frac{1}{4}$						$73\frac{5}{8}$						$134\frac{5}{8}$					
SAT 25	$63\frac{3}{4}$						$74\frac{1}{4}$						$138\frac{1}{2}$					
27																		
28	$64\frac{1}{2}$						75						$139\frac{1}{2}$					
MAR 1																		
2																		
3	$64\frac{7}{8}$						$75\frac{1}{4}$						140					
SAT 4							$75\frac{1}{2}$						$140\frac{5}{8}$					
6																		
7																		

No dia 16 de Março, os preços da U.S.Steel e da Bethlehem Steel foram registados na coluna da Retracção Natural. Ver Regra Explicativa 6-B.

No dia 30 de Março, o preço da U.S.Steel foi registado na coluna da Tendência Descendente, por ser inferior ao valor anteriormente registado nessa coluna.

No dia 31 de Março, o preço da Bethlehem Steel foi registado na coluna da Tendência Descendente, por ser um preço inferior ao valor anteriormente registado nessa coluna.

No dia 15 de Abril, os preços da U.S.Steel e da Bethlehem Steel foram registados na coluna da Subida Natural. Ver Regra Explicativa 6-C.

TABELA NOVE

	U. S. STEEL						BETHLEHEM STEEL						KEY PRICE					
	SECONDARY RALLY	NATURAL RALLY	UPWARD TREND	DOWNWARD TREND	NATURAL REACTION	SECONDARY REACTION	SECONDARY RALLY	NATURAL RALLY	UPWARD TREND	DOWNWARD TREND	NATURAL REACTION	SECONDARY REACTION	SECONDARY RALLY	NATURAL RALLY	UPWARD TREND	DOWNWARD TREND	NATURAL REACTION	SECONDARY REACTION
				53 1/4						60 1/4						113 1/2		
1939		64 7/8						75 1/2						140 3/8				
DATE																		
MAR. 8		65												140 1/2				
9		65 1/2						75 7/8						141 3/8				
10																		
SAT. 11																		
13																		
14																		
15																		
16					59 5/8						69 1/4						128 7/8	
17					56 3/4						66 3/4						123 1/2	
SAT. 18					54 3/4						65						119 3/4	
20																		
21																		
22					53 1/2						63 5/8						117 1/8	
23																		
24																		
SAT. 25																		
27																		
28																		
29																		
30				52 1/8							62						114 1/8	
31				49 7/8						58 3/4						108 5/8		
APR. SAT. 1																		
3																		
4				48 1/4						57 5/8						105 7/8		
5																		
6				47 1/4						55 1/2						102 3/4		
SAT. 8				44 7/8						52 1/2						97 3/8		
10																		
11				44 3/8						51 5/8						96		
12																		
13																		
14																		
SAT. 15		50						58 1/2						108 1/2				
17																		
18																		
19																		

No dia 17 de Maio, os preços da U.S.Steel e da Bethlehem Steel foram registados na coluna da Retracção Natural e no dia seguinte, 18 de Maio, o preço da U.S.Steel foi registado na coluna da Tendência Descendente. Ver Regra Explicativa 6-D.

No dia seguinte, 19 de Maio, foi desenhada uma linha vermelha por baixo da coluna da Tendência Descendente na Bethlehem Steel, significando que o preço fora igual ao último preço anteriormente registado nessa coluna.

No dia 25 de Maio, os preços da U.S.Steel e da Bethlehem Steel foram registados na coluna da Subida Secundária. Ver Regra Explicativa 6-C.

TABELA DEZ

	SECONDARY RALLY	NATURAL RALLY	UPWARD TREND	DOWNWARD TREND	NATURAL REACTION	SECONDARY REACTION	SECONDARY RALLY	NATURAL RALLY	UPWARD TREND	DOWNWARD TREND	NATURAL REACTION	SECONDARY REACTION	SECONDARY RALLY	NATURAL RALLY	UPWARD TREND	DOWNWARD TREND	NATURAL REACTION	SECONDARY REACTION
1939 DATE	50		$44\frac{3}{8}$ U. S. STEEL					$58\frac{1}{2}$	$51\frac{5}{8}$ BETHLEHEM STEEL					$108\frac{1}{2}$	96 KEY PRICE			
APR 20																		
21																		
SAT 22																		
24																		
25																		
26																		
27																		
28																		
SAT 29																		
MAY 1																		
2																		
3																		
4																		
5																		
SAT 6																		
8																		
9																		
10																		
11																		
12																		
SAT 13																		
15																		
16																		
17			$44\frac{7}{8}$				52										$96\frac{5}{8}$	
18		$43\frac{3}{4}$														$95\frac{3}{8}$	
19																$94\frac{3}{8}$	
SAT 20																		
22																		
23																		
24																		
25	$48\frac{7}{8}$					$51\frac{1}{4}$						$106\frac{7}{8}$						
26	49					58						107						
SAT 27	$49\frac{1}{8}$											$107\frac{7}{8}$						
29		$50\frac{1}{4}$						$59\frac{7}{8}$					$109\frac{5}{8}$					
31		$50\frac{3}{8}$						60					$110\frac{1}{8}$					
JUNE 1																		

No dia 16 de Junho, o preço da Bethlehem Steel foi registado na coluna da Retracção Natural. Ver Regra Explicativa 6-B.

No dia 28 de Junho, o preço da U.S.Steel foi registado na coluna da Retracção Natural. Ver Regra Explicativa 6-B.

No dia 29 de Junho, o preço da Bethlehem Steel foi registado na coluna da Tendência Descendente, por ser um preço inferior ao valor anteriormente registado nessa coluna.

No dia 13 de Julho, os preços da U.S.Steel e da Bethlehem Steel foram registados na coluna da Subida Secundária. Ver Regra Explicativa 6-G.

TABELA ONZE

	SECONDARY RALLY	NATURAL RALLY	UPWARD TREND	DOWNWARD TREND	NATURAL REACTION	SECONDARY REACTION	SECONDARY RALLY	NATURAL RALLY	UPWARD TREND	DOWNWARD TREND	NATURAL REACTION	SECONDARY REACTION	SECONDARY RALLY	NATURAL RALLY	UPWARD TREND	DOWNWARD TREND	NATURAL REACTION	SECONDARY REACTION
				44 3/8						51 5/8						96		
		50						58 1/2						108 1/2				
				43 1/4						—						94 1/8		
1939		50 7/8						60						110 7/8				
DATE			U. S. STEEL						BETHLEHEM STEEL						KEY PRICE			
JUNE 2																		
SAT. 3																		
5																		
6																		
7																		
8																		
9																		
SAT 10																		
12																		
13																		
14																		
15																		
16											54							
SAT 17																		
19																		
20																		
21																		
22																		
23																		
SAT 24																		
26																		
27																		
28					45						52 1/2						97 1/2	
29					43 3/4					51						94 3/4		
30					43 5/8					50 1/4						93 7/8		
JULY 1																		
3																		
5																		
6																		
7																		
SAT 8																		
10																		
11																		
12																		
13	48 1/4						57 1/4						105 1/2					
14																		

No dia 21 de Julho, o preço da Bethlehem Steel foi registado na coluna da Tendência Ascendente e no dia seguinte, 22 de Julho, o preço da U.S.Steel foi registado na mesma coluna. Ver Regra Explicativa 5-A.

No dia 4 de Agosto, os preços da U.S.Steel e da Bethlehem Steel foram registados na coluna da Retracção Natural. Ver Regra Explicativa 4-A.

No dia 23 de Agosto, o preço da U.S.Steel foi registado na coluna da Tendência Descendente, por ser um preço inferior ao valor anteriormente registado nessa coluna.

TABELA DOZE

	SECONDARY RALLY	NATURAL RALLY	UPWARD TREND	DOWNWARD TREND	NATURAL REACTION	SECONDARY REACTION	SECONDARY RALLY	NATURAL RALLY	UPWARD TREND	DOWNWARD TREND	NATURAL REACTION	SECONDARY REACTION	SECONDARY RALLY	NATURAL RALLY	UPWARD TREND	DOWNWARD TREND	NATURAL REACTION	SECONDARY REACTION
				45 1/4						51 3/8						94 3/8		
		50 3/8						60						110 3/8				
					43 5/8					50 1/4						93 7/8		
1939	48 1/4						57 1/4						105 1/2					
DATE			U. S. STEEL						BETHLEHEM STEEL						KEY PRICE			
SAT. JULY 15																		
17	50 3/4							60 3/8						111 1/8				
18		51 7/8						62						113 7/8				
19																		
20																		
21		52 1/2							63					115 1/2				
SAT 22			54 1/8						65						119 1/8			
24																		
25			55 1/8						65 3/4						120 7/8			
26																		
27																		
28																		
SAT 29																		
31																		
AUG. 1																		
2																		
3																		
4					49 1/2						59 1/2						109	
SAT. 5																		
7					49 1/4												108 3/4	
8																		
9											59						108 1/4	
10					47 3/4						58						105 3/4	
11					47												105	
SAT 12																		
14																		
15																		
16																		
17					46 1/2												104 1/2	
18					45						55 1/8						100 1/8	
SAT 19																		
21					43 3/8						53 3/8						96 3/4	
22																		
23				42 5/8													96	
24				41 [illegible]							51 7/8					93 1/8		
25																		

No dia 29 de Agosto, os preços da U.S.Steel e da Bethlehem Steel foram registados na coluna da Subida Natural. Ver Regra Explicativa 6-D.

No dia 2 de Setembro, os preços da U.S.Steel e da Bethlehem Steel foram registados na coluna da Tendência Ascendente, por serem superiores aos últimos valores registados nessa coluna.

No dia 14 de Setembro, os preços da U.S.Steel e da Bethlehem Steel foram registados na coluna da Retracção Natural. Ver Regras Explicativas 6-A e 4-A.

No dia 19 de Setembro, os preços da U.S.Steel e da Bethlehem Steel foram registados na coluna da Subida Natural. Ver Regras Explicativas 6-D e 4-B.

No dia 28 de Setembro, os preços da U.S.Steel e da Bethlehem Steel foram registados na coluna da Retracção Secundária. Ver Regra Explicativa 6-H.

No dia 6 de Outubro, os preços da U.S.Steel e da Bethlehem Steel foram registados na coluna da Subida Secundária. Ver Regra Explicativa 6-G.

TABELA TREZE

	SECONDARY RALLY	NATURAL RALLY	UPWARD TREND	DOWNWARD TREND	NATURAL REACTION	SECONDARY REACTION	SECONDARY RALLY	NATURAL RALLY	UPWARD TREND	DOWNWARD TREND	NATURAL REACTION	SECONDARY REACTION	SECONDARY RALLY	NATURAL RALLY	UPWARD TREND	DOWNWARD TREND	NATURAL REACTION	SECONDARY REACTION
				49 1/4						50 1/4						99 7/8		
			55 1/8						65 3/4						120 7/8			
1939				41 5/8							51 7/8					93 1/2		
DATE			U. S. STEEL						BETHLEHEM STEEL						KEY PRICE			
SAT AUG 26																		
28																		
29		48						60 1/2						108 1/2				
30																		
31																		
SEPT 1		52						65 1/2						117 1/2				
SAT 2			55 1/4						70 3/8						125 5/8			
5			66 7/8						85 1/2						152 3/8			
6																		
7																		
8			69 3/4						87						156 3/4			
SAT 9			70						88 3/4						158 3/4			
11			78 5/8						100						178 5/8			
12			82 3/4												182 3/4			
13																		
14					76 3/8						91 3/4						168 1/8	
15																		
SAT 16					75 1/2						88 3/8						163 7/8	
18					70 1/2						83 3/4						154 1/4	
19		78						92 3/8						170 3/8				
20		80 5/8						95 3/8						176 1/4				
21																		
22																		
SAT 23																		
25																		
26																		
27																		
28						75 1/8						89						164 1/8
29						73 1/2						86 3/4						160 1/4
SAT 30																		
OCT 2																		
3																		
4						73						86 1/4						159 1/4
5																		
6	78 1/2						92 3/4						171 1/4					
SAT 7																		

No dia 3 de Novembro, o preço da U.S.Steel foi registado na coluna da Retracção Secundária, por ser inferior ao último valor registado nessa coluna.

No dia 9 de Novembro, foi feito um traço na coluna da Retracção Natural da U.S.Steel, por ser um preço igual ao último registado nessa coluna e, no mesmo dia, foi registado um novo preço na coluna da Retracção Natural para a Bethlehem Steel, por ser um valor inferior ao último registado nessa coluna.

TABELA CATORZE

DATE	SECONDARY RALLY	NATURAL RALLY	UPWARD TREND	DOWNWARD TREND	NATURAL REACTION	SECONDARY REACTION	SECONDARY RALLY	NATURAL RALLY	UPWARD TREND	DOWNWARD TREND	NATURAL REACTION	SECONDARY REACTION	SECONDARY RALLY	NATURAL RALLY	UPWARD TREND	DOWNWARD TREND	NATURAL REACTION	SECONDARY REACTION
			$82\frac{3}{4}$						100						$182\frac{3}{4}$			
				$70\frac{1}{2}$						$83\frac{3}{4}$						$154\frac{1}{4}$		
		$80\frac{5}{8}$						$95\frac{5}{8}$						$176\frac{1}{4}$				
					73					$86\frac{1}{4}$								$159\frac{1}{4}$
1939	$78\frac{1}{2}$					$92\frac{3}{4}$					$171\frac{1}{4}$							
DATE		U. S. STEEL						BETHLEHEM STEEL						KEY PRICE				
OCT 9																		
10																		
11																		
13																		
SAT 14																		
16																		
17	$78\frac{1}{8}$					$93\frac{1}{8}$					$172\frac{3}{4}$							
18	$79\frac{1}{4}$										$173\frac{1}{4}$							
19																		
20																		
SAT 21																		
23																		
24																		
25																		
26																		
27																		
SAT 28																		
30																		
31																		
NOV.1																		
2																		
3					$72\frac{1}{2}$													
SAT 4																		
6																		
8					$72\frac{1}{8}$						$86\frac{7}{8}$							$158\frac{1}{4}$
9											$83\frac{1}{4}$						$155\frac{3}{4}$	
10				$68\frac{3}{4}$							$81\frac{3}{4}$						$150\frac{3}{4}$	
13																		
14																		
15																		
16																		
17																		
SAT 18																		
20																		
21																		
22																		

No dia 24 de Novembro, o preço da U.S.Steel foi registado na coluna da Tendência Descendente. Ver Regra Explicativa 6-E. No dia seguinte, 25 de Novembro, o preço da Bethlehem Steel foi registado na coluna da Tendência Descendente. Ver Regra Explicativa 6-E.

No dia 7 de Dezembro, os preços da U.S.Steel e da Bethlehem Steel foram registados na coluna da Subida Natural. Ver Regra Explicativa 6-C.

TABELA QUINZE

DATE	SECONDARY RALLY	NATURAL RALLY	UPWARD TREND	DOWNWARD TREND	NATURAL REACTION	SECONDARY REACTION	SECONDARY RALLY	NATURAL RALLY	UPWARD TREND	DOWNWARD TREND	NATURAL REACTION	SECONDARY REACTION	SECONDARY RALLY	NATURAL RALLY	UPWARD TREND	DOWNWARD TREND	NATURAL REACTION	SECONDARY REACTION
			82 1/2						100						182 1/4			
		80 5/8		70 2				95 5/8		83 3/8				176 1/4		154 1/4		
1938				68 3/4						81 3/4						150 3/4		
NOV 24			66 7/8							81					147 1/8			
SAT 25								80 3/4							147 3/8			
27																		
28																		
29			65 5/8					78 1/8							144			
30			62 7/8					79							140 3/4			
DEC 1																		
SAT 2																		
4																		
5																		
6																		
7		69 3/4							84					155 3/4				
8																		
SAT 9																		
11																		
12																		
13																		
14								84 7/8						154 5/8				
15																		
SAT 16																		
18																		
19																		
20																		
21																		
22																		
SAT 23																		
26																		
27																		
28																		
29																		
SAT 30																		
JAN 1																		
3																		
4																		
5																		
SAT 6																		

U. S. STEEL BETHLEHEM STEEL KEY PRICE

No dia 9 de Janeiro, os preços da U.S.Steel e da Bethlehem Steel foram registados na coluna da Retracção Natural. Ver Regra Explicativa 6-B.

No dia 11 de Janeiro, os preços da U.S.Steel e da Bethlehem Steel foram registados na coluna da Tendência Descendente, por serem inferiores aos últimos valores anteriormente registados nessa coluna.

No dia 7 de Fevereiro, o preço da Bethlehem Steel foi registado na coluna da Subida Natural, sendo este o primeiro dia em que ocorreu uma subida com a necessária amplitude de seis pontos. No dia seguinte, a U.S.Steel juntou-se à Bethlehem Steel, tendo ocorrido uma subida com a amplitude mínima necessária para o registo do Preço-Chave.

TABELA DEZASSEIS

	SECONDARY RALLY	NATURAL RALLY	UPWARD TREND	DOWNWARD TREND	NATURAL REACTION	SECONDARY REACTION	SECONDARY RALLY	NATURAL RALLY	UPWARD TREND	DOWNWARD TREND	NATURAL REACTION	SECONDARY REACTION	SECONDARY RALLY	NATURAL RALLY	UPWARD TREND	DOWNWARD TREND	NATURAL REACTION	SECONDARY REACTION
			$63\frac{5}{8}$					77							$54\frac{7}{8}$		$40\frac{5}{8}$	
1940		$69\frac{3}{4}$						$84\frac{7}{8}$										
			U. S. STEEL					BETHLEHEM STEEL							KEY PRICE			
JAN 8				$64\frac{1}{4}$						$78\frac{1}{2}$							$142\frac{3}{4}$	
9				$63\frac{3}{4}$													142.4	
10																		
11			62							$76\frac{1}{2}$							$138\frac{3}{4}$	
12			$60\frac{1}{8}$							$74\frac{1}{8}$							$134\frac{1}{4}$	
SAT 13			$59\frac{5}{8}$							$72\frac{1}{8}$							$132\frac{5}{8}$	
15			$57\frac{1}{2}$							72							$129\frac{1}{2}$	
16																		
17																		
18			$56\frac{7}{8}$							$71\frac{1}{2}$							$128\frac{3}{8}$	
19										71							$127\frac{1}{8}$	
SAT 20																		
22			$55\frac{7}{8}$							$70\frac{1}{8}$							126	
23																		
24																		
25																		
26																		
SAT 27																		
29																		
30																		
31																		
FEB 1																		
2																		
SAT 3																		
5																		
6																		
7								$76\frac{3}{4}$						139				
8		$61\frac{1}{2}$						78						$141\frac{1}{4}$				
9		$61\frac{3}{4}$						$79\frac{1}{2}$										
SAT 10																		
13																		
14																		
15																		
16				$56\frac{5}{8}$														
SAT 17																		
19																		

JESSE LIVERMORE

Sobre o Autor

Jesse Lauriston Livermore nasceu em Shrewsbury, Massachussets, E.U.A., em 1877. O seu grande interesse pela matemática levou-o a abandonar um futuro como agricultor na quinta da família, procurando trabalho em Boston. Aos catorze anos de idade, começou a negociar acções, através de casas denominadas bucket shops (empresas de apostas com base em acções). Começou, assim, uma carreira de mais de 40 anos dedicada à especulação nos mercados financeiros. O interesse por esta actividade, que Livermore encarava como um verdadeiro negócio, levou-o a mudar-se para Nova Iorque, a fim de poder investir directamente na principal bolsa americana, em Wall Street.

Provavelmente influenciado pelos seus primeiros tempos como chalkboard boy - pessoa que, nas corretoras, inseria a giz, num quadro, as cotações dos activos - Livermore desenvolveu uma enorme sensibilidade relativamente à evolução dos preços das acções. Desde muito cedo começou a estudar atentamente o mercado de acções e de matérias-primas, concebendo o seu próprio sistema de registo de preços e de regras para transaccionar nos mercados. Ao longo da sua vida, Livermore ganhou e perdeu fortunas por diversas vezes. A sua fama em Wall Street começou no ano de 1907, quando obteve um ganho de vários milhões de dólares com posições curtas, lucrando com a queda abrupta do mercado. Merece igualmente destaque o ganho de 100 milhões de dólares que obteve durante o grande crash de 1929.

Em 1939, por sugestão de um dos seus filhos, escreveu o livro "How to Trade in Stocks" - agora publicado em língua portuguesa, com o título "Como Investir na Bolsa de Valores" - no qual fala da sua experiência como especulador e apresenta em pormenor os métodos que utilizava. O livro foi publicado em Janeiro de 1940, poucos meses antes da morte de Livermore - que decidiu pôr termo à vida em Novembro do mesmo ano, com 63 anos de idade, deixando à família património estimado em cinco milhões de dólares.

Jesse Livermore é, ainda hoje, um ícone na história dos mercados financeiros. Ficou conhecido como o "Grande Urso de Wall Street", sendo por muitos considerado o maior especulador de todos os tempos

.